ТРИ СЕСТРЫ

옮긴이 정혜린

한국외국어대학교 통번역대학원을 졸업하고, 동대학원에서 박사과정을 수료했다.
현재 국제회의 통역 및 번역사로 활동하고 있으며, 한국외국어대학교 통번역대학원에서 강의를 하고 있다.

ТРИ СЕСТРЫ
세 자매

초판 인쇄 2017년 12월 13일
초판 발행 2017년 12월 20일

지은이 안똔 체홉
옮긴이 정혜린

펴낸이 김선명
펴낸곳 뿌쉬낀하우스
편집 김영실, Evgeny Shtefan
디자인 박은비
주소 서울시 중구 동호로 15길 8, 리오베빌딩 3층
전화 02)2237-9387
팩스 02)2238-9388
이메일 pushkinbook@naver.com
홈페이지 www.pushkinhouse.co.kr
출판등록 2004년 3월 1일 제 2004-0004호

ISBN 979-11-7036-002-5 14790
　　　978-89-92272-61-2 (세트)

© ЗАО «Златоуст», 2013
Настоящее издание осуществлено по лицензии, полученной от ЗАО «Златоуст»
© Pushkin House, 2017

이 책의 국내 저작권은 «Златоуст» 출판사와 독점 계약한 뿌쉬낀하우스에 있습니다.
저작권법에 의해 한국 내에서 보호를 받는 저작물이므로 무단 전재와 무단 복제를 금합니다.

차례

서문	◆ 005
ТРИ СЕСТРЫ	◆ 011
세 자매	◆ 133
주석	◆ 267

ТРИ СЕСТРЫ

(ДРАМА В ЧЕТЫРЁХ ДЕЙСТВИЯХ)

서문

Великий русский писатель Антон Павлович Чехов родился в 1860 году в городе Таганроге на юге России в небогатой семье. Здесь он окончил гимназию. В 1879 году его семья переехала в Москву, и Чехов поступил на медицинский факультет Московского университета. Уже в университете он начал писать — сначала небольшие юмористические рассказы. После окончания университета он недолго работал врачом, но вскоре понял, что он писатель, и эта профессия стала основной.

В 1890 году Чехов решил отправиться на Сахалин, где в то время жили заключённые. Путешествие заняло несколько месяцев, оно было очень трудным. Слабое здоровье писателя стало быстро ухудшаться. Через пять лет вышла его книга «Остров Сахалин».

В 1892 году Чехов из Москвы переехал в Мелихово (под Москвой), где много писал, а также лечил крестьян и занимался общественной деятельностью — строил школы для бедных. В связи с болезнью Чехова врачи посоветовали ему переехать на юг (что сейчас признаётся ошибкой), и с 1900 года он жил в Ялте.

    러시아의 대문호 안똔 빠블로비치 체홉은 1960년에 러시아 남부 도시 따간로그의 한 가난한 가정에서 태어났다. 그는 이곳에서 김나지움을 졸업하고 1879년 가족이 모스끄바로 이주하면서 모스끄바 대학 의과대학에 입학한다. 체홉은 대학시절 글을 쓰기 시작하였는데 초기에는 주로 짧고 유머러스한 단편을 썼다. 대학을 졸업한 이후 얼마간 의사로 일하였지만 이내 자신의 본업이 작가라는 사실을 깨닫게 되면서 작가의 길을 걷는다.

    1890년 체홉은 당시 유형수들이 생활하던 사할린으로 떠나기로 결심한다. 여행은 수개월이 걸렸고 매우 힘든 여정이었다. 체홉의 약한 건강상태는 빠르게 악화되기 시작한다. 5년 후 그의 책 『사할린 섬』이 출간된다.

    1892년 체홉은 모스끄바에서 멜리호보(모스끄바 근교)로 이주하였고, 그곳에서 많은 작품을 썼다. 또한 농민들을 치료하고, 사회활동을 하면서 가난한 사람들을 위한 학교를 짓는다. 의사들은 지병 치유차 체홉에게 남부로 가기를 권하였고, (현재 실수로 간주된다) 1900년부터 그는 얄따에서 살게 된다.

Болезнь Чехова прогрессировала, и в 1904 году он с женой поехал лечиться в Германию, где вскоре умер. Антон Павлович Чехов похоронен в Москве на Новодевичьем кладбище.

    병이 깊어지자 체홉은 1904년 아내와 함께 치료를 위해 독일로 가지만 곧 생을 마감한다. 안똔 빠블로비치 체홉은 현재 모스끄바의 노보제비치 묘지에 잠들어 있다.

ТРИ СЕСТРЫ
(ДРАМА В ЧЕТЫРЁХ ДЕЙСТВИЯХ)

А. П. Чехов

ДЕЙСТВУЮЩИЕ ЛИЦА

Прозо́ров Андре́й Серге́евич.

Ната́лья Ива́новна, его неве́ста, пото́м жена́.

Его сёстры: О́льга, Ма́ша, Ири́на.

Кулы́гин Фёдор Ильи́ч, учи́тель гимна́зии, муж Ма́ши.

Верши́нин Алекса́ндр Игна́тьевич, подполко́вник, батаре́йный команди́р.

Тузенба́х Никола́й Льво́вич, баро́н, пору́чик.

Солёный Васи́лий Васи́льевич, штабс-капита́н.

Чебуты́кин Ива́н Рома́нович, вое́нный до́ктор.

Федо́тик Алексе́й Петро́вич, подпору́чик.

Родэ́ Влади́мир Ка́рлович, подпору́чик.

Ферапо́нт, сто́рож из зе́мской упра́вы[1], стари́к.

Анфи́са, ня́нька, стару́ха 80 лет.

Де́йствие происхо́дит в губе́рнском го́роде.

Действие первое

В до́ме Прозо́ровых. Гости́ная с коло́ннами, за кото́рыми ви́ден большо́й зал. По́лдень; на дворе́ со́лнечно, ве́село. В за́ле накрыва́ют стол для за́втрака.
О́льга в си́нем фо́рменном пла́тье учи́тельницы же́нской гимна́зии, всё вре́мя поправля́ет учени́ческие тетра́дки, сто́я и на ходу́; Ма́ша в чёрном пла́тье, со шля́пкой на коле́нях сиди́т и чита́ет кни́жку, Ири́на в бе́лом пла́тье стои́т заду́мавшись.

О́льга. Оте́ц у́мер ро́вно год наза́д, как раз в э́тот день, пя́того ма́я, в твои́ имени́ны[2], Ири́на. Бы́ло о́чень хо́лодно, тогда́ шёл снег. Мне каза́лось, я не переживу́, ты лежа́ла в о́бмороке, как мёртвая. Но вот прошёл год, и мы вспомина́ем об этом легко́, ты уже́ в бе́лом пла́тье, лицо́ твоё сия́ет.

    Часы́ бьют двена́дцать.

И тогда́ та́кже би́ли часы́.

    Па́уза.

По́мню, когда́ отца́ несли́, то игра́ла му́зыка, на кла́дбище стреля́ли. Он был генера́л, кома́ндовал брига́-

дой, между тем народу шло мало. Впрочем, был дождь тогда. Сильный дождь и снег.

Ирина. Зачем вспоминать!

За колоннами, в зале около стола показываются барон Тузенбах, Чебутыкин и Солёный.

Ольга. Сегодня тепло, можно окна держать настежь[3], а берёзы ещё не распускались[4]. Отец получил бригаду и выехал с нами из Москвы одиннадцать лет назад, и, я отлично помню, в начале мая, вот в эту пору в Москве уже всё в цвету[5], тепло, всё залито солнцем[6]. Одиннадцать лет прошло, а я помню там всё, как будто выехали вчера. Боже мой! Сегодня утром проснулась, увидела массу света, увидела весну, и радость заволновалась в моей душе, захотелось на родину страстно.

Чебутыкин. Чёрта с два![7]

Тузенбах. Конечно, вздор.

Маша, задумавшись над книжкой, тихо насвистывает песню.

Ольга. Не свисти, Маша. Как это ты можешь!

Пауза.

Оттого, что я каждый день в гимназии и потом даю уроки до вечера, у меня постоянно болит голова и такие мысли, точно я уже состарилась. И в самом деле, за эти четыре года, пока служу в гимназии, я чувствую, как из меня выходят каждый день по каплям и силы и молодость[8]. И только растёт и крепнет одна мечта...

Ирина. Уехать в Москву. Продать дом, покончить всё здесь и в Москву...[9]

Ольга. Да! Скорее в Москву.

Чебутыкин и Тузенбах смеются.

Ирина. Брат, вероятно, будет профессором, он всё равно не станет жить здесь. Только вот остановка за бедной Машей[10].

Ольга. Маша будет приезжать в Москву на всё лето, каждый год.

Маша тихо насвистывает песню.

Ирина. Бог даст, всё устроится[11]. (Глядя в окно.) Хорошая погода сегодня. Я не знаю, отчего у меня на душе так светло! Сегодня утром вспомнила, что я именинница, и вдруг почувствовала радость, и вспомнила детство, когда ещё была жива мама! И какие чудные мысли волновали меня, какие мысли!

Ольга. Сегодня ты вся сияешь, кажешься необыкновенно красивой. И Маша тоже красива. Андрей был бы хорóш, тóлько он располнéл óчень, это к нему́ не идёт[12]. А я постарéла, похудéла си́льно, оттогó, должнó быть, что сержу́сь в гимнáзии на дéвочек. Вот сегóдня я свобóдна, я дóма, и у меня́ не боли́т головá, я чу́вствую себя́ молóже, чем вчерá. Мне двáдцать вóсемь лет, тóлько... Всё хорошó, всё от бóга[13], но мне кáжется, éсли бы я вы́шла зáмуж и цéлый день сидéла дóма, то это бы́ло бы лу́чше.

Пáуза.

Я бы люби́ла му́жа.

Вопросы по тексту

- Какая погода и какое настроение в начале пьесы?
- Что случилось ровно год назад?
- Мы видим трёх сестёр: Ирина в белом платье, Ольга в синем и Маша в чёрном.
  * Кто из них младшая?
  * На что жалуется Ольга? Чего она хочет?
  * Какая у сестёр мечта?

***

Тузенбáх (*Солёному*). Такóй вы вздор[14] говорите, надоело вас слушать. (*Входя в гостиную.*) Забыл сказать. Сегодня у вас с визитом будет наш новый батарейный командир[15] Вершинин. (*Садится у пианино.*)

Óльга. Ну, что ж! Óчень рáда.

Ирина. Он стáрый?

Тузенбáх. Нет. Ничего. Сáмое большое, лет сорок, сорок пять. (*Тихо наигрывает.*) По-видимому, слáвный мáлый[16]. Неглуп — это несомненно. Только говорит много.

Ирина. Интересный человек?

Тузенбáх. Да, ничего себе[17], только женá, тёща и две девочки. Притом женáт во второй раз. Он делает визиты и везде говорит, что у него жена и две девочки. И здесь скáжет. Женá какáя-то полоумная[18], с длинной девической косой, говорит одни высокопарные вещи[19], философствует и часто покушáется на самоубийство, очевидно, чтобы насолить мужу[20]. Я бы давно ушёл от такой, но он терпит и только жáлуется.

Ирина. Иван Ромáныч, милый Иван Ромáныч!

Чебутыкин. Что, девочка моя, рáдость моя?

Ири́на. Скажи́те мне, отчего́ я сего́дня так сча́стлива? То́чно я на паруса́х, на́до мной широ́кое голубо́е не́бо и но́сятся больши́е бе́лые пти́цы. Отчего́ э́то? Отчего́?

Чебуты́кин (целу́я ей о́бе ру́ки, не́жно). Пти́ца моя́ бе́лая...

Ири́на. Когда́ я сего́дня просну́лась, вста́ла и умы́лась, то мне вдруг ста́ло каза́ться, что для меня́ всё я́сно на э́том све́те, и я зна́ю, как на́до жить. Ми́лый Ива́н Рома́ныч, я зна́ю всё. Челове́к до́лжен труди́ться, рабо́тать в по́те лица́[21], кто бы он ни был, и в э́том одно́м заключа́ется смысл и цель его́ жи́зни, его́ сча́стье, его́ восто́рги. Как хорошо́ быть рабо́чим, кото́рый встаёт чуть свет[22] и бьёт на у́лице ка́мни[23], и́ли пастухо́м, и́ли учи́телем, кото́рый у́чит дете́й, и́ли машини́стом на желе́зной доро́ге... Бо́же мой, не то что челове́ком, лу́чше быть воло́м, лу́чше быть просто́ю ло́шадью, то́лько бы рабо́тать, чем молодо́й же́нщиной, кото́рая встаёт в двена́дцать часо́в дня, пото́м пьёт в посте́ли ко́фе, пото́м два часа́ одева́ется... о, как э́то ужа́сно! В жа́ркую пого́ду так иногда́ хо́чется пить, как мне захоте́лось рабо́тать. И е́сли я не бу́ду ра́но встава́ть и труди́ться, то откажи́те мне в ва́шей дру́жбе, Иван Романыч.

Чебутыкин (нежно). Откажу, откажу...

Ольга. Отец приучил нас вставать в семь часов. Теперь Ирина просыпается в семь и по крайней мере до девяти лежит и о чём-то думает. А лицо серьёзное! (Смеётся.)

Ирина. Ты привыкла видеть меня девочкой, и тебе странно, когда у меня серьёзное лицо. Мне двадцать лет!

Тузенбах. Тоска по труде[24], о боже мой, как она мне понятна! Я не работал ни разу в жизни. Родился я в Петербурге, холодном и праздном, в семье, которая никогда не знала труда и никаких забот. Помню, когда я приезжал домой из корпуса, то лакей стаскивал с меня сапоги, я капризничал в это время, а моя мать смотрела на меня с благоговением[25] и удивлялась, когда другие на меня смотрели иначе. Меня оберегали от труда. Только едва ли удалось оберечь, едва ли! Пришло время, надвигается на всех нас громада[26], готовится здоровая, сильная буря, которая идёт, уже близка и скоро сдует с нашего общества лень, равнодушие, предубеждение к труду, гнилую скуку. Я буду работать, а через какие-нибудь 25—30 лет работать бу́дет уже́ ка́ждый челове́к. Ка́ждый!

Чебуты́кин. Я не бу́ду рабо́тать.

Тузенба́х. Вы не в счёт[27].

Солёный. Через два́дцать пять лет вас уже́ не бу́дет на све́те, сла́ва бо́гу. Го́да через два-три вы умрёте от кондра́шки[28], и́ли я вспылю́ и всажу́ вам пу́лю в лоб, а́нгел мой. (Вынима́ет из карма́на флако́н с духа́ми и опры́скивает себе́ грудь, ру́ки.)

Чебуты́кин (смеётся). А я в са́мом де́ле никогда́ ничего́ не де́лал. Как вы́шел из университе́та, так не уда́рил па́льцем о па́лец[29], да́же ни одно́й кни́жки не прочёл, а чита́л то́лько одни́ газе́ты... (Вынима́ет из карма́на другу́ю газе́ту.) Вот... Зна́ю по газе́там, что был, поло́жим, Добролю́бов, а что он там писа́л, не зна́ю... Бог его́ зна́ет...[30]

Слы́шно, как стуча́т в пол из ни́жнего этажа́.

Вот... Зову́т меня́ вниз, кто́-то ко мне пришёл. Сейча́с приду́... погоди́те... (Торопли́во ухо́дит, расчёсывая бо́роду.)

Ири́на. Это он что́-то вы́думал.

Тузенба́х. Да. Ушёл с торже́ственной физионо́мией[31], очеви́дно, принесёт вам сейча́с пода́рок.

Ири́на. Как э́то неприя́тно!

Ольга. Да, это ужасно. Он всегда делает глупости.

Маша. У лукоморья дуб зелёный, златая цепь на дубе том...[32] Златая цепь на дубе том... (Встаёт и напевает тихо.)

Ольга. Ты сегодня невесёлая, Маша.

Маша, напевая, надевает шляпу.

Куда ты?

Маша. Домой.

Ирина. Странно...

Тузенбах. Уходить с именин!

Маша. Всё равно... Приду вечером. Прощай, моя хорошая... (Целует Ирину.) Желаю тебе ещё раз, будь здорова, будь счастлива. В прежнее время, когда был жив отец, к нам на именины приходило всякий раз по тридцать — сорок офицеров, было шумно, а сегодня только полтора человека и тихо, как в пустыне... Я уйду... Сегодня я в мерлехлюндии[33], невесело мне, и ты не слушай меня. (Смеясь сквозь слёзы.) После поговорим, а пока прощай, моя милая, пойду куда-нибудь.

Ирина (недовольная). Ну, какая ты...

Ольга (со слезами). Я понимаю тебя, Маша.

Солёный. Если философствует мужчина, то это будет философистика или там софистика; если же филосóфствует жéнщина и́ли две жéнщины, то уж э́то бу́дет — потяни́ меня́ за пáлец[34].

Мáша. Что вы хоти́те э́тим сказáть, ужáсно стрáшный человéк?

Солёный. Ничегó. Он áхнуть не успéл, как на негó медвéдь насéл[35].

Пáуза.

Мáша (Óльге, серди́то). Не реви́!

Вхóдят Анфи́са и Ферапóнт с тóртом.

Анфи́са. Сюдá, бáтюшка[36] мой. Входи́, нóги у тебя́ чи́стые. (Ири́не.) Из зéмской упрáвы, от Протопóпова, Михаи́ла Ивáныча... Пирóг.

Ири́на. Спаси́бо. Поблагодари́. (Принимáет торт.)

Ферапóнт. Чегó?

Ири́на (грóмче). Поблагодари́!

Óльга. Нянечка, дай емý пирогá. Ферапóнт, иди́, там тебé пирогá даду́т.

Ферапóнт. Чегó?

Анфи́са. Пойдём, бáтюшка Ферапóнт Спиридóныч. Пойдём... (Ухóдит с Ферапóнтом.)

Мáша. Не люблю́ я Протопóпова, э́того Михаи́ла Потáпыча и́ли Ивáныча. Егó не слéдует приглашáть.

Ири́на. Я не приглашáла.

Ма́ша. И прекра́сно.

Вхо́дит Чебуты́кин, за ним солда́т с сере́бряным самова́ром; гул изумле́ния и недово́льства.

О́льга (*закрыва́ет лицо́ рука́ми*). Самова́р! Э́то ужа́сно! (*Ухо́дит в за́лу к столу́.*)

Ири́на. Голу́бчик Ива́н Рома́ныч[37], что вы де́лаете!

Тузенба́х (*смеётся*). Я говори́л вам.

Ма́ша. Ива́н Рома́ныч, у вас про́сто стыда́ нет!

Чебуты́кин. Ми́лые мои́, хоро́шие мои́, вы у меня́ еди́нственные, вы для меня́ са́мое дорого́е, что то́лько есть на све́те. Мне ско́ро шестьдеся́т, я стари́к, одино́кий, ничто́жный стари́к... Ничего́ во мне нет хоро́шего, кро́ме э́той любви́ к вам, и е́сли бы не вы, то я бы давно́ уже́ не жил на све́те... (*Ири́не.*) Ми́лая, де́точка моя́, я зна́ю вас со дня ва́шего рожде́ния... носи́л на рука́х... я люби́л поко́йницу ма́му...

Ири́на. Но заче́м таки́е дороги́е пода́рки!

Чебуты́кин (*сквозь слёзы, серди́то*). Дороги́е пода́рки... Ну вас совсе́м! (*Денщику́[38].*) Неси́ самова́р туда́... (*Дра́знит.*) Дороги́е пода́рки...

Денщи́к уно́сит самова́р в за́лу.

Вопросы по тексту

- Что вы узнали из монолога Ирины? Что значат её слова «Точно я на парусах»?
- Как относится Чебутыкин к сёстрам?
- Какой подарок он принёс?
- Какое настроение у Маши? (Она даже не радуется тому, что у её сестры именины. Очевидно, что Маша погружена в какую-то проблему.)
- Почему она решила уйти с именин?

***

Тузенба́х. Верши́нин, должно́ быть.

Вхо́дит Верши́нин.

Подполко́вник Верши́нин!

Верши́нин (Ма́ше и Ири́не). Честь име́ю предста́виться: Верши́нин. О́чень, о́чень рад, что наконе́ц я у вас. Каки́е вы ста́ли! Ай! ай!

Ири́на. Сади́тесь, пожа́луйста. Нам о́чень прия́тно.

Верши́нин (ве́село). Как я рад, как я рад! Но ведь вас три сестры́. Я по́мню — три де́вочки. Лиц уж не по́мню, но что у ва́шего отца́, полко́вника Прозо́рова, бы́ли три ма́леньких де́вочки, я отли́чно по́мню и ви́дел со́бственными глаза́ми. Как идёт вре́мя! Ой, ой, как идёт вре́мя!

Тузенба́х. Алекса́ндр Игна́тьевич из Москвы́.

Ири́на. Из Москвы́? Вы из Москвы́?

Верши́нин. Да, отту́да. Ваш поко́йный оте́ц был там батаре́йным команди́ром, а я в той же брига́де офице́ром. (Ма́ше.) Вот ва́ше лицо́ немно́жко по́мню, ка́жется.

Ма́ша. А я вас нет!

Ири́на. О́ля! О́ля! (Кричи́т в за́лу.) О́ля, иди́ же!

Ольга входит из залы в гостиную.

Подполковник Вершинин, оказывается, из Москвы.

Вершинин. Вы, стало быть, Ольга Сергеевна, старшая... А вы Мария... А вы Ирина — младшая...

Ольга. Вы из Москвы?

Вершинин. Да. Учился в Москве и начал службу в Москве, долго служил там, наконец получил здесь батарею[39] — перешёл сюда, как видите. Я вас не помню собственно, помню только, что вас было три сестры. Ваш отец сохранился у меня в памяти, вот закрою глаза и вижу как живого. Я у вас бывал в Москве...

Ольга. Мне казалось, я всех помню, и вдруг...

Вершинин. Меня зовут Александром Игнатьевичем...

Ирина. Александр Игнатьевич, вы из Москвы... Вот неожиданность!

Ольга. Ведь мы туда переезжаем.

Ирина. Думаем, к осени уже будем там. Наш родной город, мы родились там... На Старой Басманной улице...

Обе смеются от радости.

Маша. Неожиданно земляка[40] увидели. (*Живо.*) Теперь вспомнила! Помнишь, Оля, у нас говорили:

«влюблённый майор». Вы бы́ли тогда́ пору́чиком и в кого́-то влюблены́, и вас все дразни́ли почему́-то майо́ром...

Верши́нин (смеётся). Вот, вот... Влюблённый майо́р, э́то так...

Ма́ша. У вас бы́ли тогда́ то́лько усы́... О, как вы постаре́ли! (Сквозь слёзы.) Как вы постаре́ли!

Верши́нин. Да, когда́ меня́ зва́ли влюблённым майо́ром, я был ещё мо́лод, был влюблён. Тепе́рь не то.

О́льга. Но у вас ещё ни одного́ седо́го во́лоса. Вы постаре́ли, но ещё не ста́ры.

Верши́нин. Одна́ко уже́ со́рок тре́тий год. Вы давно́ из Москвы́?

Ири́на. Оди́ннадцать лет. Ну, что ты, Ма́ша, пла́чешь, чуда́чка... (Сквозь слёзы.) И я запла́чу...

Ма́ша. Я ничего́. А на како́й вы у́лице жи́ли?

Верши́нин. На Ста́рой Басма́нной.

О́льга. И мы там то́же...

Верши́нин. Одно́ вре́мя я жил на Неме́цкой у́лице. С Неме́цкой у́лицы я ха́живал[41] в Кра́сные каза́рмы[42]. Там по пути́ угрю́мый мост, под мосто́м вода́ шуми́т. Одино́кому стано́вится гру́стно на душе́.

Па́уза.

А здесь какая широкая, какая богатая река! Чудесная река!

Ольга. Да, но только холодно. Здесь холодно и комары...

Вершинин. Что вы! Здесь такой здоровый, хороший, славянский климат. Лес, река... и здесь тоже берёзы. Милые, скромные берёзы, я люблю их больше всех деревьев. Хорошо здесь жить. Только странно, вокзал железной дороги в двадцати верстах... И никто не знает, почему это так.

Солёный. А я знаю, почему это так.

Все глядят на него.

Потому что, если бы вокзал был близко, то не был бы далеко, а если он далеко, то, значит, не близко.

Неловкое молчание.

Тузенбах. Шутник, Василий Васильич.

Ольга. Теперь и я вспомнила вас. Помню.

Вершинин. Я вашу матушку[43] знал.

Чебутыкин. Хорошая была, царство ей небесное[44].

Ирина. Мама в Москве погребена[45].

Ольга. В Новодевичьем...

Маша. Представьте, я уж начинаю забывать её лицо. Так и о нас не будут помнить. Забудут.

Верши́нин. Да. Забу́дут. Такова́ уж судьба́ на́ша, ничего́ не поде́лаешь. То, что ка́жется нам серьёзным, значи́тельным, о́чень ва́жным, — придёт вре́мя, — бу́дет забы́то и́ли бу́дет каза́ться нева́жным.

Па́уза.

И интере́сно, мы тепе́рь совсе́м не мо́жем знать, что, со́бственно, бу́дет счита́ться высо́ким, ва́жным и что жа́лким, смешны́м. Ра́зве откры́тие Копе́рника и́ли, поло́жим, Колу́мба не каза́лось в пе́рвое вре́мя нену́жным, смешны́м, а како́й-нибу́дь пусто́й вздор, напи́санный чудако́м, не каза́лся и́стиной? И мо́жет ста́ться, что на́ша тепе́решняя жизнь[46], с кото́рой мы так ми́римся, бу́дет со вре́менем каза́ться стра́нной, неудо́бной, неу́мной, недоста́точно чи́стой, быть мо́жет, да́же гре́шной…

Тузенба́х. Кто зна́ет? А быть мо́жет, на́шу жизнь назову́т высо́кой и вспо́мнят о ней с уваже́нием. Тепе́рь нет пы́ток, нет ка́зней, наше́ствий, но вме́сте с тем ско́лько страда́ний!

Солёный (то́нким го́лосом). Цып, цып, цып…[47] Баро́на ка́шей не корми́, а то́лько дай ему́ пофилосо́фствовать[48].

Тузенба́х. Васи́лий Васи́льич, прошу́ вас оста́вить

меня в покое... (Садится на другое место.) Это скучно наконец.

Солёный (тонким голосом). Цып, цып, цып...

Тузенбах (Вершинину). Страдания, которые наблюдаются теперь, — их так много! — говорят всё-таки об известном нравственном подъёме, которого уже достигло общество...

Вершинин. Да, да, конечно.

Чебутыкин. Вы только что сказали, барон, нашу жизнь назовут высокой; но люди всё же низенькие... (Встаёт.) Глядите, какой я низенький. Это для моего утешения надо говорить, что жизнь моя высокая, понятная вещь.

За сценой игра на скрипке.

Маша. Это Андрей играет, наш брат.

Ирина. Он у нас учёный. Должно быть, будет профессором. Папа был военным, а его сын избрал учёную карьеру.

Маша. По желанию папы.

Ольга. Мы сегодня его задразнили. Он, кажется, влюблён немножко.

Ирина. В одну здешнюю[49] барышню. Сегодня она будет у нас, по всей вероятности.

Маша. Ах, как она одевается! Не то чтобы некрасиво, не модно, а просто жалко. Какая-то странная, яркая, желтоватая юбка с этакой пошленькой бахромой и красная кофточка. И щёки такие вымытые, вымытые! Андрей не влюблён — я не допускаю, всё-таки у него вкус есть, а просто он так, дразнит нас, дурачится. Я вчера слышала, она выходит за Протопопова[50], председателя здешней управы. И прекрасно... (В боковую дверь.) Андрей, поди сюда! Милый, на минутку!

Входит Андрей.

Ольга. Это мой брат, Андрей Сергеич.

Вершинин. Вершинин.

Андрей. Прозоров. (Утирает вспотевшее лицо.) Вы к нам батарейным командиром?

Ольга. Можешь представить, Александр Игнатьич из Москвы.

Андрей. Да? Ну, поздравляю, теперь мой сестрицы[51] не дадут вам покою.

Вершинин. Я уже успел надоесть вашим сёстрам.

Ирина. Посмотрите, какую рамочку для портрета подарил мне сегодня Андрей! (Показывает рамочку.) Это он сам сделал.

Вершинин (глядя на рамочку и не зная, что сказать). Да… вещь…[52]

Ири́на. И вот ту ра́мочку, что над пиани́но, он то́же сде́лал.

Андре́й ма́шет руко́й и отхо́дит.

О́льга. Он у нас и учёный, и на скри́пке игра́ет, и выпи́ливает ра́зные шту́чки — одни́м сло́вом, ма́стер на все ру́ки[53]. Андре́й, не уходи́! У него́ мане́ра — всегда́ уходи́ть. Поди́ сюда́!

Ма́ша и Ири́на беру́т его́ под руки и со сме́хом веду́т наза́д.

Ма́ша. Иди́, иди́!

Андре́й. Оста́вьте, пожа́луйста.

Ма́ша. Како́й смешно́й! Алекса́ндра Игна́тьевича называ́ли когда́-то влюблённым майо́ром, и он ниско́лько не серди́лся.

Верши́нин. Ниско́лько!

Ма́ша. А я хочу́ тебя́ назва́ть: влюблённый скрипа́ч!

Ири́на. И́ли влюблённый профе́ссор!..

О́льга. Он влюблён! Андрю́ша влюблён!

Ири́на (аплоди́руя). Бра́во, бра́во! Бис! Андрю́шка влюблён!

Чебуты́кин (подхо́дит сза́ди к Андре́ю и берёт его́

обе́ими рука́ми за та́лию). Для любви́ одно́й приро́да нас на свет произвела́! (Хохо́чет; он всё вре́мя с газе́той.)

Андре́й. Ну, дово́льно, дово́льно... (Утира́ет лицо́.) Я всю ночь не спал и тепе́рь немно́жко не в себе́[54], как говори́тся. До четырёх часо́в чита́л, пото́м лёг, но ничего́ не вы́шло[55]. Ду́мал о том, о сём, а тут ра́нний рассве́т, со́лнце так и ле́зет в спа́льню. Хочу́ за ле́то, пока́ бу́ду здесь, перевести́ одну́ кни́жку с англи́йского.

Верши́нин. А вы чита́ете по-англи́йски?

Андре́й. Да. Оте́ц, ца́рство ему́ небе́сное, угнета́л нас воспита́нием[56]. Э́то смешно́ и глу́по, но в э́том всё-таки на́до созна́ться, по́сле его́ сме́рти я стал полне́ть и вот располне́л в оди́н год, то́чно моё те́ло освободи́лось от гнёта. Благодаря́ отцу́ я и сёстры зна́ем францу́зский, неме́цкий и англи́йский языки́, а Ири́на зна́ет ещё по-италья́нски[57]. Но чего́ э́то сто́ило![58]

Ма́ша. В э́том го́роде знать три языка́ нену́жная ро́скошь[59]. Да́же и не ро́скошь, а како́й-то нену́жный прида́ток, вро́де шесто́го па́льца. Мы зна́ем мно́го ли́шнего.

Верши́нин. Во́т те на́![60] (Смеётся.) Зна́ете мно́го ли́шнего! Мне ка́жется, нет и не мо́жет быть тако́го скучного и унылого города, в котором был бы не нужен умный, образованный человек. Допустим, что среди ста тысяч населения этого города, конечно, отсталого и грубого, таких, как вы, только три. Само собою разумеется, вам не победить окружающей вас тёмной массы[61]; в течение вашей жизни мало-помалу вы должны будете уступить и затеряться в стотысячной толпе, вас заглушит жизнь, но всё же вы не исчезнете, не останетесь без влияния; таких, как вы, после вас явится уже, быть может, шесть, потом двенадцать и так далее, пока наконец такие, как вы, не станут большинством. Через двести, триста лет жизнь на земле будет невообразимо прекрасной, изумительной. Человеку нужна такая жизнь, и если её нет пока, то он должен предчувствовать её, ждать, мечтать, готовиться к ней, он должен для этого видеть и знать больше, чем видели и знали его дед и отец. (Смеётся.) А вы жалуетесь, что знаете много лишнего.

Маша (снимает шляпу). Я остаюсь завтракать.

Ирина (со вздохом). Право, всё это следовало бы записать...

Андрея нет, он незаметно ушёл.

Тузенбах. Через много лет, вы говорите, жизнь на

земле́ бу́дет прекра́сной, изуми́тельной. Э́то пра́вда. Но, что́бы уча́ствовать в ней тепе́рь, хотя́ и́здали, ну́жно приготовля́ться к ней, ну́жно рабо́тать...

Верши́нин (встаёт). Да. Ско́лько, одна́ко, у вас цвето́в! (Огля́дываясь.) И кварти́ра чуде́сная. Зави́дую! А я всю жизнь мою́ болта́лся по кварти́ркам[62] с двумя́ сту́льями, с одни́м дива́ном и с печа́ми, кото́рые всегда́ дымя́т. У меня́ в жи́зни не хвата́ло и́менно вот таки́х цвето́в... (Потира́ет ру́ки.) Эх! Ну, да что!

Тузенба́х. Да, ну́жно рабо́тать. Вы, небо́сь, ду́маете: расчу́вствовался не́мец. Но я, че́стное сло́во, ру́сский и по-неме́цки да́же не говорю́. Оте́ц у меня́ правосла́вный...

Па́уза.

Верши́нин (хо́дит по сце́не). Я ча́сто ду́маю: что, е́сли бы нача́ть жизнь сно́ва, притом созна́тельно? Е́сли бы одна́ жизнь, кото́рая уже́ прожита́, была́, как говори́тся, на́черно, друга́я — на́чисто![63] Тогда́ ка́ждый из нас, я ду́маю, постара́лся бы пре́жде всего́ не повторя́ть самого́ себя́, по кра́йней ме́ре, созда́л бы для себя́ ину́ю обстано́вку жи́зни, устро́ил бы себе́ таку́ю кварти́ру с цвета́ми, с ма́ссою све́та... У меня́ жена́, дво́е де́вочек, прито́м жена́ да́ма нездоро́вая и так да́лее и так далее, ну, а если бы начинать жизнь сначала, то я не женился бы... Нет, нет!

Входит Кулыгин в форменном фраке.

Кулыгин (подходит к Ирине). Дорогая сестра, позволь мне поздравить тебя с днём твоего ангела и пожелать искренно, от души, здоровья и всего того, что можно пожелать девушке твоих лет. И позволь поднести тебе в подарок вот эту книжку. (Подаёт книжку.) История нашей гимназии за пятьдесят лет, написанная мною. Пустяшная книжка, написана от нечего делать, но ты всё-таки прочти. Здравствуйте, господа! (Вершинину.) Кулыгин, учитель здешней гимназии. Надворный советник[64]. (Ирине.) В этой книжке ты найдёшь список всех, кончивших курс в нашей гимназии за эти пятьдесят лет. Feci, quod potui, faciant meliora potentes[65]. (Целует Машу.)

Ирина. Но ведь на Пасху ты уже подарил мне такую книжку.

Кулыгин (смеётся). Не может быть! В таком случае отдай назад или вот лучше отдай полковнику. Возьмите, полковник. Когда-нибудь прочтёте от скуки[66].

Вершинин. Благодарю вас. (Собирается уйти.) Я чрезвычайно рад, что познакомился...

О́льга. Вы ухо́дите? Нет, нет!

Ири́на. Вы оста́нетесь у нас за́втракать. Пожа́луйста.

О́льга. Прошу́ вас!

Верши́нин (кла́няется). Я, ка́жется, попа́л на имени́ны. Прости́те, я не знал, не поздра́вил вас… (Ухо́дит с О́льгой в за́лу.)

Вопросы по тексту

- Какой новый персонаж появился? Что сказал о нём Тузенбах?
- Что вы узнали о Вершинине из его монологов?
- Что Вершинин думает о браке?
- Какая жизнь будет, по словам Вершинина, через двести-триста лет?
- Нравится ли ему этот город и дом Прозоровых? А сёстрам нравится? Почему?
- Почему сёстры шутят над Андреем?
- Что Маша думает о его возлюбленной?
- Какое образование получили сёстры?
- Почему Маша решила остаться?

***

Кулыгин. Сегодня, господа, воскресный день, день отдыха, будем же отдыхать, будем веселиться каждый сообразно[67] со своим возрастом и положением. Ковры надо будет убрать на лето и спрятать до зимы... Персидским порошком или нафталином... Римляне были здоровы, потому что умели трудиться, умели и отдыхать, у них была mens sana in corpore sano[68]. Жизнь их текла по известным формам. Наш директор говорит: главное во всякой жизни — это её форма... Что теряет свою форму, то кончается — и в нашей обыденной жизни то же самое. (Берёт Машу за талию, смеясь.) Маша меня любит. Моя жена меня любит. И оконные занавески тоже туда с коврами... Сегодня я весел, в отличном настроении духа. Маша, в четыре часа сегодня мы у директора. Устраивается прогулка педагогов и их семейств.

Маша. Не пойду я[69].

Кулыгин (огорчённый). Милая Маша, почему?

Маша. После об этом... (Сердито.) Хорошо, я пойду, только отстань, пожалуйста... (Отходит.)

Кулыгин. А затем вечер проведём у директора. Несмотря́ на своё боле́зненное состоя́ние, э́тот челове́к стара́ется пре́жде всего́ быть обще́ственным. Превосхо́дная, све́тлая ли́чность. Великоле́пный челове́к. Вчера́ по́сле сове́та он мне говори́т: «Уста́л, Фёдор Ильи́ч! Уста́л!» (Смо́трит на стенны́е часы́, пото́м на свои́.) Ва́ши часы́ спеша́т на семь мину́т. Да, говори́т, уста́л!

За сце́ной игра́ на скри́пке.

О́льга. Господа́, ми́лости про́сим, пожа́луйте за́втракать! Пиро́г!

Кулы́гин. Ах, ми́лая моя́ О́льга, ми́лая моя́! Я вчера́ рабо́тал с утра́ до оди́ннадцати часо́в ве́чера, уста́л и сего́дня чу́вствую себя́ счастли́вым. (*Ухо́дит в за́лу к столу́.*) Ми́лая моя́...

Чебуты́кин (*кладёт газе́ту в карма́н, причёсывает бо́роду*). Пиро́г? Великоле́пно!

Ма́ша (*Чебуты́кину стро́го*). То́лько смотри́те: ничего́ не пить сего́дня. Слы́шите? Вам вре́дно пить.

Чебуты́кин. Э́ва![70] У меня́ уж прошло́. Два го́да как запо́я не́ было. (*Нетерпели́во.*) Э, ма́тушка[71], да не всё ли равно́!

Ма́ша. Всё-таки не сме́йте пить. Не сме́йте. (*Серди́то, но так, что́бы не слы́шал муж.*) Опя́ть, чёрт подери[72], скучать целый вечер у директора!

Тузенбах. Я бы не пошёл на вашем месте... Очень просто.

Чебутыкин. Не ходите, дуся моя[73].

Маша. Да, не ходите... Эта жизнь проклятая, невыносимая... (Идёт в залу.)

Чебутыкин (идёт за ней). Ну-у!

Солёный (проходя в залу). Цып, цып, цып...

Тузенбах. Довольно, Василий Васильич. Будет![74]

Солёный. Цып, цып, цып...

Кулыгин (весело). Ваше здоровье, полковник! Я педагог, и здесь в доме свой человек, Машин муж... Она добрая, очень добрая...

Вершинин. Я выпью вот этой тёмной водки... (Пьёт.) Ваше здоровье! (Ольге) Мне у вас так хорошо!..

В гостиной остаются только Ирина и Тузенбах.

Ирина. Маша сегодня не в духе[75]. Она вышла замуж восемнадцати лет, когда он казался ей самым умным человеком. А теперь не то. Он самый добрый, но не самый умный.

Ольга (нетерпеливо). Андрей, иди же наконец!

Андрей (за сценой). Сейчас. (Входит и идёт к столу.)

Тузенбах. О чём вы думаете?

Ирина. Так. Я не люблю и боюсь этого вашего Солёного. Он говорит одни глупости...

Тузенбах. Странный он человек. Мне и жаль его, и досадно, но больше жаль. Мне кажется, он застенчив... Когда мы вдвоём с ним, то он бывает очень умён и ласков, а в обществе он грубый человек, бретёр[76]. Не ходите, пусть пока сядут за стол. Дайте мне побыть около вас. О чём вы думаете?

Пауза.

Вам двадцать лет, мне ещё нет тридцати. Сколько лет нам осталось впереди, длинный, длинный ряд дней, полных моей любви к вам.

Ирина. Николай Львович, не говорите мне о любви.

Тузенбах (не слушая). У меня страстная жажда жизни, борьбы, труда, и эта жажда в душе слилась с любовью к вам, Ирина, и, как нарочно, вы прекрасны, и жизнь мне кажется такой прекрасной! О чём вы думаете?

Ирина. Вы говорите: прекрасна жизнь. Да, но если она только кажется такой! У нас, трёх сестёр, жизнь не была ещё прекрасной, она заглушала нас, как сорная трава... Текут у меня слёзы. Это не нужно... (Быстро вытирает лицо, улыбается.) Работать нужно, работать. Оттого нам невесело и смотрим мы на жизнь так мрачно, что не знаем труда. Мы родились от людей, презиравших труд...

Наталья Ивановна входит; она в розовом платье, с зелёным поясом.

Наташа. Там уже завтракать садятся... Я опоздала... (Мельком глядится в зеркало, поправляется.) Кажется, причёсана ничего себе...[77] (Увидев Ирину.) Милая Ирина Сергеевна, поздравляю вас! (Целует крепко и продолжительно.) У вас много гостей, мне, право, совестно... Здравствуйте, барон!

Ольга (входя в гостиную). Ну вот и Наталия Ивановна. Здравствуйте, моя милая!

Целуются.

Наташа. С именинницей. У вас такое большое общество, я смущена ужасно...

Ольга. Полно, у нас всё свои[78]. (Вполголоса, испуганно.) На вас зелёный пояс! Милая, это нехорошо!

Наташа. Разве есть примета?

Ольга. Нет, просто не идёт... и как-то странно...

Наташа (плачущим голосом). Да? Но ведь это не зелёный, а скорее матовый. (*Идёт за Ольгой в залу.*)

В зале садятся завтракать; в гостиной ни души.

Кулыгин. Желаю тебе, Ирина, жениха хорошего. Пора тебе уж выходить[79].

Чебутыкин. Наталья Ивановна, и вам женишка[80] желаю.

Кулыгин. У Натальи Ивановны уже есть женишок.

Маша (*стучит вилкой по тарелке*). Выпью рюмочку винца! Эх-ма, жизнь малиновая, где наша не пропадала![81]

Кулыгин. Ты ведёшь себя на три с минусом[82].

Вершинин. А наливка вкусная. На чём это настояно?

Солёный. На тараканах.

Ирина (*плачущим голосом*). Фу! Фу! Какое отвращение!..

Ольга. За ужином будет жареная индейка и сладкий пирог с яблоками. Слава богу, сегодня целый день я дома, вечером — дома... Господа, вечером приходите...

Вершинин. Позвольте и мне прийти вечером!

Ирина. Пожалуйста.

Наташа. У них попросту.

Чебутыкин. Для любви одной природа нас на свет

произвела́. (Смеётся.)

Андре́й (серди́то). Переста́ньте, господа́! Не надое́ло вам.

Федо́тик и Родэ́ вхо́дят с большо́й корзи́ной цвето́в.

Федо́тик. Одна́ко уже́ за́втракают.

Родэ́ (гро́мко и карта́вя). За́втракают? Да, уже́ за́втракают…

Федо́тик. Погоди́ мину́тку! (Снима́ет фотогра́фию.) Раз! Погоди́ ещё немно́го… (Снима́ет другу́ю фотогра́фию.) Два! Тепе́рь гото́во!

Беру́т корзи́ну и иду́т в за́лу, где их встреча́ют с шу́мом.

Родэ́ (гро́мко). Поздравля́ю, жела́ю всего́, всего́! Пого́да сего́дня очарова́тельная, одно́ великоле́пие. Сего́дня всё у́тро гуля́л с гимнази́стами. Я преподаю́ в гимна́зии гимна́стику…

Ма́ша. У лукомо́рья дуб зелёный, злата́я цепь на ду́бе том… Злата́я цепь на ду́бе том… (Плакси́во.) Ну, заче́м я э́то говорю́? Привяза́лась ко мне э́та фра́за с са́мого утра́…

Кулы́гин. Трина́дцать за столо́м!

Родэ́ (гро́мко). Господа́, неуже́ли вы придаёте значе́ние предрассу́дкам?

Смех.

Кулыгин. Если тринадцать за столом, то, значит, есть тут влюблённые. Уж не вы ли, Иван Романович, чего доброго...

Смех.

Чебутыкин. Я старый грешник, а вот отчего Наталья Ивановна сконфузилась, решительно понять не могу.

Громкий смех; Наташа выбегает из залы в гостиную, за ней Андрей.

Андрей. Полно, не обращайте внимания! Погодите...[83] постойте, прошу вас...

Наташа. Мне стыдно... Я не знаю, что со мной делается, а они поднимают меня на смех. То, что я сейчас вышла из-за стола, неприлично, но я не могу... не могу... (Закрывает лицо руками.)

Андрей. Дорогая моя, прошу вас, умоляю, не волнуйтесь. Уверяю вас, они шутят, они от доброго сердца. Дорогая моя, моя хорошая, они все добрые, сердечные люди и любят меня и вас. Идите сюда к окну, нас здесь не видно им... (Оглядывается.)

Наташа. Я так не привыкла бывать в обществе!..

Андрей. О молодость, чудная, прекрасная молодость! Моя́ дорога́я, моя́ хоро́шая, не волну́йтесь так!.. Ве́рьте мне, ве́рьте... Мне так хорошо́, душа́ полна́ любви́, восто́рга... О, нас не ви́дят! Не ви́дят! За что, за что я полюби́л вас, когда́ полюби́л, — о, ничего́ не понима́ю. Дорога́я моя́, хоро́шая, чи́стая, бу́дьте мое́й жено́й! Я вас люблю́, люблю́... как никого́ никогда́...

Поцелу́й.

Два офице́ра вхо́дят и, уви́дев целу́ющуюся па́ру, остана́вливаются в изумле́нии.

За́навес.

Вопросы по тексту

- Как вы понимаете слова Ирины: «Николай Львович, не говорите мне о любви»? Почему она так говорит?
- Почему Маша «не в духе»? Как к ней относится её муж? А она к нему?
- Почему Ирина жалуется, что Солёный говорит одни глупости? Приведите пример.
- Что произошло между Андреем и Наташей?
- Какие фразеологизмы вы встретили в первом действии?
- С какими персонажами вы познакомились? Какие из них главные? Кто вам понравился?
- Довольны ли сёстры своей жизнью? Чего они хотят?
- Напишите, что происходит в первом действии.

Действие второе

Декорация первого акта.

Восемь часов вечера. За сценой на улице едва слышно играют на гармонике. Нет огня.

Входит Наталья Ивановна в капоте[84], со свечой: она идёт и останавливается у двери, которая ведёт в комнату Андрея.

Наташа. Ты, Андрюша, что делаешь? Читаешь? Ничего, я так только… (*Идёт, отворяет другую дверь и, заглянув в неё, затворяет.*) Огня нет ли…

Андрей (*входит с книгой в руке*). Ты что, Наташа?

Наташа. Смотрю, огня нет ли…[85] Теперь Масленица, прислуга сама не своя, гляди да и гляди, чтоб чего не вышло[86]. Вчера в полночь прохожу через столовую, а там свеча горит. Кто зажёг, так и не добилась толку. (*Ставит свечу.*) Который час?

Андрей (*взглянув на часы*). Девятого четверть.

Наташа. А Ольги и Ирины до сих пор ещё нет. Не пришли. Всё трудятся, бедняжки[87]. Ольга на педагогическом совете, Ирина на телеграфе… (*Вздыхает.*)

Сего́дня у́тром говорю́ твое́й сестре́: «Побереги́, говорю́, себя́, Ири́на, голу́бчик». И не слу́шает. Че́тверть девя́того, говори́шь? Я бою́сь, Бо́бик наш совсе́м нездоро́в. Отчего́ он холо́дный тако́й? Вчера́ у него́ был жар, а сего́дня холо́дный весь... Я так бою́сь!

Андре́й. Ничего́, Ната́ша. Ма́льчик здоро́в.

Ната́ша. Но всё-таки лу́чше пуска́й дие́та. Я бою́сь. И сего́дня в деся́том часу́, говори́ли, ря́женые[88] у нас бу́дут, лу́чше бы они́ не приходи́ли, Андрю́ша.

Андре́й. Пра́во, я не зна́ю. Их ведь зва́ли.

Ната́ша. Сего́дня мальчи́шечка[89] просну́лся у́тром и гляди́т на меня́, и вдруг улыбну́лся: зна́чит, узна́л. «Бо́бик, говорю́, здра́вствуй! Здра́вствуй, ми́лый!» А он смеётся. Де́ти понима́ют, отли́чно понима́ют. Так, зна́чит, Андрю́ша, я скажу́, что́бы ря́женых не принима́ли.

Андре́й (нереши́тельно). Да ведь э́то как сёстры[90]. Они́ тут хозя́йки.

Ната́ша. И они́ то́же[91], я им скажу́. Они́ до́брые... (Идёт.) К у́жину я веле́ла простоква́ши[92]. До́ктор говори́т, тебе́ ну́жно одну́ простоква́шу е́сть, ина́че не похуде́ешь. (Остана́вливается.) Бо́бик холо́дный. Я бою́сь, ему́ хо́лодно в его́ ко́мнате, пожа́луй. На́до бы хоть до тёплой погоды поместить его в другой комнате. Например, у Ирины комната как раз для ребёнка: и сухо, и целый день солнце. Надо ей сказать, она пока может с Ольгой в одной комнате... Всё равно днём дома не бывает, только ночует...

Пауза.

Андрюшанчик[93], отчего ты молчишь?

Андрей. Так, задумался... Да и нечего говорить...

Наташа. Да... Что-то я хотела тебе сказать... Ах, да. Там из управы Ферапонт пришёл, тебя спрашивает.

Андрей (зевает). Позови его.

Наташа уходит; Андрей, нагнувшись к забытой ею свече, читает книгу. Входит Ферапонт; он в старом трёпаном пальто, с поднятым воротником, уши повязаны.

Здравствуй, душа моя. Что скажешь?

Ферапонт. Председатель прислал книжку и бумагу какую-то. Вот... (Подаёт книгу и пакет.)

Андрей. Спасибо. Хорошо. Отчего же ты пришёл так не рано? Ведь девятый час уже.

Ферапонт. Чего?

Андрей (громче). Я говорю, поздно пришёл, уже девятый час.

Ферапонт. Так точно. Я пришёл к вам, ещё светло было, да не пускали всё. Барин, говорят, занят. Ну что ж. Занят так занят, спешить мне некуда. (*Думая, что Андрей спрашивает его о чём-то.*) Чего?

Андрей. Ничего. (*Рассматривая книгу.*) Завтра пятница, у нас нет присутствия[94], но я всё равно приду... Займусь. Дома скучно...

Пауза.

Милый дед, как странно меняется, как обманывает жизнь! Сегодня от скуки, от нечего делать, я взял в руки вот эту книгу — старые университетские лекции, и мне стало смешно... Боже мой, я секретарь земской управы, той управы, где председательствует Протопопов, я секретарь, и самое большее, на что я могу надеяться, — это быть членом земской управы! Мне быть членом здешней земской управы! Мне, которому снится каждую ночь, что я профессор Московского университета, знаменитый учёный, которым гордится русская земля!

Ферапонт. Не могу знать... Слышу-то плохо...

Андрей. Если бы ты слышал как следует, то я, быть может, и не говорил бы с тобой. Мне нужно говорить с кем-нибудь, а жена меня не понимает, сестёр я боюсь почему-то, боюсь, что они засмеют меня, застыдят... Я не пью, трактиров не люблю, но с каким удовольствием я посидел бы теперь в Москве у Тестова или в Большом Московском[95], голубчик мой.

Ферапонт. А в Москве, в управе давеча[96] рассказывал подрядчик, какие-то купцы ели блины; один, который съел сорок блинов, будто помер[97]. Не то сорок, не то пятьдесят. Не упомню.

Андрей. Сидишь в Москве, в громадной зале ресторана, никого не знаешь и тебя никто не знает, и в то же время не чувствуешь себя чужим. А здесь ты всех знаешь и тебя все знают, но чужой, чужой... Чужой и одинокий.

Ферапонт. Чего?

Пауза.

И тот же подрядчик сказывал[98] — может, и врёт, — будто поперёк всей Москвы канат протянут.

Андрей. Для чего?

Ферапонт. Не могу знать. Подрядчик говорил.

Андрей. Чепуха. (Читает книгу.) Ты был когда-нибудь в Москве?

Ферапонт (после паузы). Не был. Не привёл бог[99].

Пауза.

Мне идти?

Андре́й. Мо́жешь идти́. Будь здоро́в.

Ферапо́нт ухо́дит.

Будь здоро́в. (*Чита́я.*) За́втра у́тром придёшь, возьмёшь тут бума́ги… Ступа́й…[100]

Па́уза.

Он ушёл.

Звоно́к.

Да, дела́… (*Потя́гивается и не спеша́ ухо́дит к себе́.*)

Вопросы по тексту

- Как измени́лось семейное положение Андрея и Наташи?
- Чего хочет Наташа? Она действительно заботится об Ирине? (Обратите внимание на её тактику. Она сначала говорит что-то приятное, но после этого следует неприятное — её настоящая цель.)
- Что вы узнали из монолога Андрея о его жизни? Прочитайте его ещё раз.
- Как вы понимаете фразу Андрея «Как обманывает жизнь»?
- Что он планировал и как реализовались его планы?
- Как вы думаете, зачем отец трёх сестер и Андрея стремился дать им такое хорошее образование?

***

За сценой поёт нянька, укачивая ребёнка.

Входят Маша и Вершинин.

Пока они беседуют, горничная зажигает

лампу и свечи.

Маша. Не знаю.

Пауза.

Не знаю. Конечно, много значит привычка. После смерти отца, например, мы долго не могли привыкнуть к тому, что у нас уже нет денщиков. Но и помимо привычки, мне кажется, говорит во мне просто справедливость. Может быть, в других местах и не так, но в нашем городе самые порядочные, самые благородные и воспитанные люди — это военные.

Вершинин. Мне пить хочется. Я бы выпил чаю.

Маша (взглянув на часы). Скоро дадут. Меня выдали замуж, когда мне было восемнадцать лет, и я своего мужа боялась, потому что он был учителем, а я тогда едва кончила курс. Он казался мне тогда ужасно учёным, умным и важным. А теперь уж не то, к сожалению.

Верши́нин. Так... да.

Ма́ша. Про му́жа я не говорю́, к нему́ я привы́кла, но ме́жду шта́тскими вообще́ так мно́го люде́й гру́бых, нелюбе́зных, невоспи́танных. Меня́ волну́ет, оскорбля́ет гру́бость, я страда́ю, когда́ ви́жу, что челове́к недоста́точно то́нок, недоста́точно мя́гок, любе́зен. Когда́ мне случа́ется бы́ть среди́ учителе́й, това́рищей му́жа, то я про́сто страда́ю...

Верши́нин. Да-с... Но мне ка́жется, всё равно́, что шта́тский, что вое́нный, одина́ково неинтере́сно, по кра́йней ме́ре, в э́том го́роде. Всё равно́! Е́сли послу́шать зде́шнего интеллиге́нта, шта́тского и́ли вое́нного, то с жено́й он заму́чился, с до́мом заму́чился, с име́нием заму́чился, с лошадьми́ заму́чился... Ру́сскому челове́ку в вы́сшей сте́пени сво́йственен возвы́шенный о́браз мы́слей, но скажи́те, почему́ в жи́зни он хвата́ет так невысоко́?[101] Почему́?

Ма́ша. Почему́?

Верши́нин. Почему́ он с детьми́ заму́чился, с жено́й заму́чился? А почему́ жена́ и де́ти с ним заму́чились?

Ма́ша. Вы сего́дня немно́жко не в ду́хе.

Верши́нин. Мо́жет быть. Я сего́дня не обе́дал, ничего́ не ел с утра́. У меня́ дочь больна́ немно́жко, а когда́ болеют мои девочки, то мною овладевает тревога, меня мучает совесть за то, что у них такая мать. О, если бы вы видели её сегодня! Что за ничтожество! Мы начали браниться[102] с семи часов утра, а в девять я хлопнул дверью и ушёл.

Пауза.

Я никогда не говорю об этом и, странно, жалуюсь только вам одной. (*Целует руку.*) Не сердитесь на меня. Кроме вас одной, у меня нет никого, никого…

Пауза.

Маша. Какой шум в печке. У нас незадолго до смерти отца гудело в трубе. Вот точно так.

Вершинин. Вы с предрассудками?[103]

Маша. Да.

Вершинин. Странно это. (*Целует руку.*) Вы великолепная, чудная женщина. Великолепная, чудная! Здесь темно, но я вижу блеск ваших глаз.

Маша (*садится на другой стул*). Здесь светлей…

Вершинин. Я люблю, люблю, люблю… Люблю ваши глаза, ваши движения, которые мне снятся… Великолепная, чудная женщина!

Маша (*тихо смеясь*). Когда вы говорите со мной так, то я почему-то смеюсь, хотя мне страшно. Не повторяйте, прошу вас... (Вполголоса.) А впрочем, говорите, мне всё равно... (Закрывает лицо руками.) Мне всё равно. Сюда идут, говорите о чём-нибудь другом...

Ирина и Тузенбах входят через залу.

Тузенбах. У меня тройная фамилия. Меня зовут барон Тузенбах-Кроне-Альтшауер, но я русский, православный, как вы. Немецкого у меня осталось мало, разве только терпеливость, упрямство, с каким я надоедаю вам. Я провожаю вас каждый вечер.

Ирина. Как я устала!

Тузенбах. И каждый вечер буду приходить на телеграф и провожать вас домой, буду десять — двадцать лет, пока вы не прогоните... (Увидев Машу и Вершинина, радостно.) Это вы? Здравствуйте.

Ирина. Вот я и дома наконец. (Маше.) Сейчас приходит одна дама, телеграфирует своему брату в Саратов, что у ней сегодня сын умер, и никак не может вспомнить адреса. Так и послала без адреса, просто в Саратов. Плачет. И я ей нагрубила ни с того ни с сего. «Мне, говорю, некогда». Так глупо вышло. Сегодня у нас ряженые?

Маша. Да.

Ирина (садится в кресло). Отдохнуть. Устала.

Тузенба́х (с улы́бкой). Когда́ вы прихо́дите с до́лжности, то ка́жетесь тако́й моло́денькой, несча́стненькой...

Па́уза.

Ири́на. Уста́ла. Нет, не люблю́ я телегра́фа, не люблю́.

Ма́ша. Ты похуде́ла... (Насви́стывает.) И помолоде́ла, и на мальчи́шку ста́ла похо́жа лицо́м.

Тузенба́х. Э́то от причёски.

Ири́на. На́до поиска́ть другу́ю до́лжность, а э́та не по мне[104]. Чего́ я так хоте́ла, о чем мечта́ла, того́-то в ней и́менно и нет. Труд без поэ́зии, без мы́слей...

Стук в пол.

До́ктор стучи́т. (Тузенба́ху.) Ми́лый, постучи́те... Я не могу́... уста́ла...

Тузенба́х стучи́т в пол.

Сейча́с придёт. На́до бы приня́ть каки́е-нибу́дь ме́ры. Вчера́ до́ктор и наш Андре́й бы́ли в клу́бе и опя́ть проигра́лись[105]. Говоря́т, Андре́й две́сти рубле́й проигра́л.

Ма́ша (равноду́шно). Что ж тепе́рь де́лать!

Ири́на. Две неде́ли наза́д проигра́л, в декабре́ проигра́л. Скоре́е бы всё проигра́л, быть мо́жет, уе́хали бы из этого города. Господи боже мой, мне Москва снится каждую ночь, я совсем как помешанная[106]. (Смеётся.) Мы переезжаем туда в июне, а до июня осталось ещё… февраль, март, апрель, май… почти полгода!

Маша. Надо только, чтобы Наташа не узнала как-нибудь о проигрыше.

Ирина. Ей, я думаю, всё равно.

Чебутыкин, только что вставший с постели, он отдыхал после обеда, входит в залу и причёсывает бороду, потом садится за стол и вынимает из кармана газету.

Маша. Вот пришёл… Он заплатил за квартиру?

Ирина (смеётся). Нет. За восемь месяцев ни копеечки. Очевидно, забыл.

Маша (смеётся). Как он важно сидит!

Все смеются; пауза.

Ирина. Что вы молчите, Александр Игнатьич?

Вершинин. Не знаю. Чаю хочется. Полжизни за стакан чаю![107] С утра ничего не ел…

Ирина раскладывает пасьянс.

Вершинин. Что ж? Если не дают чаю, то давайте хоть пофилософствуем.

Тузенбах. Давайте. О чём?

Вершинин. О чём? Давайте помечтаем... например, о той жизни, какая будет после нас, лет через двести — триста.

Тузенбах. Что ж? После нас будут летать на воздушных шарах, изменятся пиджаки, откроют, быть может, шестое чувство и разовьют его, но жизнь останется всё та же, жизнь трудная, полная тайн и счастливая. И через тысячу лет человек будет так же вздыхать: «Ах, тяжко жить!» — и вместе с тем точно так же, как теперь, он будет бояться и не хотеть смерти.

Вершинин (подумав). Как вам сказать? Мне кажется, всё на земле должно измениться мало-помалу[108] и уже меняется на наших глазах. Через двести — триста, наконец тысячу лет, — дело не в сроке, — настанет новая, счастливая жизнь. Участвовать в этой жизни мы не будем, конечно, но мы для неё живём теперь, работаем, ну, страдаем, мы творим её — и в этом одном цель нашего бытия и, если хотите, наше счастье.

Маша тихо смеётся.

Тузенбах. Что вы?

Маша. Не знаю. Сегодня весь день смеюсь с утра.

Вершинин. Я кончил там же, где и вы[109], в академии я не был; читаю я много, но выбирать книг не умéю и читáю, быть мóжет, совсéм не то, что нýжно, а мéжду тем, чем бóльше живý, тем бóльше хочý знать. Мой вóлосы седéют, я почтú старúк ужé, но знáю мáло, ах, как мáло! Но всё же, мне кáжется, сáмое глáвное и настоя́щее я знáю, крéпко знáю. И как бы мне хотéлось доказáть вам, что счáстья нет, не должнó быть и не бýдет для нас… Мы должны́ тóлько рабóтать и рабóтать, а счáстье — это удéл[110] нáших далёких потóмков.

Пáуза.

Не я, то хоть потóмки потóмков моúх.

Федóтик и Родэ́ покáзываются в зáле; онú садя́тся и напевáют тúхо, наúгрывая на гитáре.

Тузенбáх. По-вáшему, дáже не мечтáть о счáстье! Но éсли я счáстлив!

Вершúнин. Нет.

Тузенбáх (всплеснýв рукáми и смея́сь). Очевúдно, мы не понимáем друг дрýга. Ну, как мне убедúть вас?

Мáша тúхо смеётся.

(Покáзывая ей пáлец.) Смéйтесь! (Вершúнину.) Не то что через двéсти úли трúста, но и через миллиóн лет жизнь остáнется такóю же, как и былá; онá не меня́ется, остаётся постоя́нною, слéдуя своúм сóбственным законам, до которых вам нет дела или, по крайней мере, которых вы никогда не узнаете. Перелётные птицы, журавли, например, летят и летят, и какие бы мысли, высокие или малые, ни бродили в их головах, всё же будут лететь и не знать, зачем и куда. Они летят и будут лететь, какие бы философы ни завелись среди них; и пускай философствуют, как хотят, лишь бы летели...

Маша. Всё-таки смысл?

Тузенбах. Смысл... Вот снег идёт. Какой смысл?

Пауза.

Маша. Мне кажется, человек должен быть верующим или должен искать веры, иначе жизнь его пуста, пуста... Жить и не знать, для чего журавли летят, для чего дети родятся, для чего звёзды на небе... Или знать, для чего живёшь, или же всё пустяки, трын-трава[111].

Пауза.

Вершинин. Всё-таки жалко, что молодость прошла...

Тузенбах. Жребий брошен[112]. Вы знаете, Мария Сергеевна, я подаю в отставку.

Маша. Слышала. И ничего я не вижу в этом хорошего. Не люблю́ я шта́тских.

Тузенба́х. Всё равно́… (Встаёт.) Я некраси́в, како́й я вое́нный? Ну, да всё равно́, впро́чем… Бу́ду рабо́тать. Хоть оди́н день в мое́й жи́зни порабо́тать так, что́бы прийти́ ве́чером домо́й, в утомле́нии повали́ться в посте́ль и усну́ть то́тчас же. (Уходя́ в за́лу.) Рабо́чие, должно́ быть, спят кре́пко!

Вопросы по тексту

- Что рассказывает о себе Маша Вершинину?
- О чем философствуют Вершинин и Тузенбах?
- Что происходит между Машей и Вершининым?
- Почему изменилось настроение Маши?
- Что Вершинин говорит о счастье?
- Довольна ли Ирина своей работой?

***

Наташа (Солёному). Грудные дети прекрасно понимают. «Здравствуй, говорю, Бобик. Здравствуй, милый!» Он взглянул на меня как-то особенно. Вы думаете, во мне говорит только мать, но нет, нет, уверяю вас! Это необыкновенный ребёнок.

Солёный. Если бы этот ребёнок был мой, то я изжарил бы его на сковородке и съел бы. (Идёт со стаканом в гостиную и садится в угол.)

Наташа (закрыв лицо руками). Грубый, невоспитанный человек!

Маша. Счастлив тот, кто не замечает, лето теперь или зима. Мне кажется, если бы я была в Москве, то относилась бы равнодушно к погоде…

Вершинин. На днях[113] я читал дневник одного французского министра, писанный в тюрьме. Министр был осуждён за Панаму. С каким упоением, восторгом упоминает он о птицах, которых видит в тюремном окне и которых не замечал раньше, когда был министром. Теперь, конечно, когда он выпущен на свободу, он уже по-прежнему не замечает птиц. Так же и вы не будете замечать Москвы, когда будете жить в ней. Счастья у нас нет и не бывает, мы только желаем его.

Тузенбах (берёт со стола коробку). Где же конфеты?

Ирина. Солёный съел.

Тузенбах. Все?

Анфиса (подавая чай). Вам письмо, батюшка.

Вершинин. Мне? (Берёт письмо.) От дочери. (Читает.) Да, конечно... Я, извините, Мария Сергеевна, уйду потихоньку. Чаю не буду пить. (Встаёт взволнованный.) Вечно эти истории...[114]

Маша. Что такое? Не секрет?

Вершинин (тихо). Жена опять отравилась. Надо идти. Я пройду незаметно. Ужасно неприятно всё это. (Целует Маше руку.) Милая моя, славная, хорошая женщина... Я здесь пройду потихоньку... (Уходит.)

Анфиса. Куда же он? А я чай подала... Экой какой[115].

Маша (рассердившись). Отстань! Пристаёшь тут, покоя от тебя нет... (Идёт с чашкой к столу.) Надоела ты мне, старая!

Анфиса. Что ж ты обижаешься? Милая!

Голос Андрея: «Анфиса!»

(Дразнит). Анфиса! Сидит там... (Уходит.)

Маша (в зале у стола, сердито). Дайте же мне сесть!

(Меша́ет на столе́ ка́рты.) Рассе́лись тут с ка́ртами[116]. Пе́йте чай!

Ири́на. Ты, Ма́шка, зла́я.

Ма́ша. Раз я зла́я, не говори́те со мной. Не тро́гайте меня́!

Чебуты́кин (смея́сь). Не тро́гайте её, не тро́гайте…

Ма́ша. Вам шестьдеся́т лет, а вы, как мальчи́шка, всегда́ городи́те чёрт зна́ет что[117].

Ната́ша (вздыха́ет). Ми́лая Ма́ша, к чему́ употребля́ть в разгово́ре таки́е выраже́ния? При твое́й прекра́сной нару́жности в прили́чном све́тском о́бществе ты, я тебе́ пря́мо скажу́, была́ бы про́сто очарова́тельна, е́сли бы не э́ти твои́ слова́. Je vous prie, pardonnez moi, Marie, mais vous avez des manières un peu grossières[118].

Тузенба́х (сде́рживая смех). Да́йте мне… да́йте мне… Там, ка́жется, конья́к…

Ната́ша. Il parait, que mon Бо́бик déjà ne dort pas[119], просну́лся. Он у меня́ сего́дня нездоро́в. Я пойду́ к нему́, прости́те… (Ухо́дит.)

Ири́на. А куда́ ушёл Алекса́ндр Игна́тьич?

Ма́ша. Домо́й. У него́ опя́ть с жено́й что́-то необыча́йное.

Тузенба́х (идёт к Солёному, в рука́х графи́нчик с коньяко́м). Всё вы сиди́те оди́н, о чём-то ду́маете — и не поймёшь, о чём. Ну, дава́йте мири́ться. Дава́йте вы́пьем коньяку́.

Пьют.

Сего́дня мне придётся игра́ть на пиани́но всю ночь, вероя́тно, игра́ть вся́кий вздор... Куда́ ни шло![120]

Солёный. Почему́ мири́ться? Я с ва́ми не ссо́рился.

Тузенба́х. Всегда́ вы возбужда́ете тако́е чу́вство, как бу́дто ме́жду на́ми что́-то произошло́. У вас хара́ктер стра́нный, на́до созна́ться.

Солёный (деклами́руя). Я стра́нен, не стра́нен кто ж! Не серди́сь, Але́ко...[121]

Тузенба́х. И при чём тут Але́ко...

Па́уза.

Солёный. Когда́ я вдвоём с кем-нибу́дь, то ничего́, я как все, но в о́бществе я уны́л, засте́нчив и говорю́ вся́кий вздор. Но всё-таки я честне́е и благоро́днее о́чень, о́чень мно́гих... И могу́ э́то доказа́ть.

Тузенба́х. Я ча́сто сержу́сь на вас, вы постоя́нно придира́етесь ко мне, когда́ мы быва́ем в о́бществе, но всё же вы мне симпати́чны почему́-то. Куда́ ни шло, напью́сь сего́дня. Вы́пьем!

Солёный. Выпьем.

Пьют.

Я против вас, барон, никогда ничего не имел. Но у меня характер Лермонтова. (*Тихо.*) Я даже немножко похож на Лермонтова... как говорят... (*Достаёт из кармана флакон с духами и льёт на руки.*)

Тузенбах. Подаю в отставку. Баста![122] Пять лет всё раздумывал и наконец решил. Буду работать.

Смех.

Тузенбах (*целует Андрея*). Чёрт возьми, давайте выпьем, Андрюша, давайте выпьем на «ты»[123]. И я с тобой, Андрюша, в Москву, в университет.

Солёный. В какой? В Москве два университета.

Андрей. В Москве один университет.

Солёный. А я вам говорю — два.

Андрей. Пускай хоть три. Тем лучше.

Солёный. В Москве два университета!

Ропот и шиканье.

В Москве два университета: старый и новый. А если вам неугодно слушать, если мои слова раздражают вас, то я могу не говорить. Я даже могу уйти в другую комнату... (*Уходит в одну из дверей.*)

Тузенбах. Браво, браво! (*Смеётся.*) Господа, начинайте, я сажусь играть! Смешной этот Солёный... (Садится за пианино, играет вальс.)

Маша (танцует вальс одна). Барон пьян, барон пьян, барон пьян!

Входит Наташа.

Наташа (Чебутыкину). Иван Романыч! (Говорит о чём-то Чебутыкину, потом тихо уходит.)

Чебутыкин трогает Тузенбаха за плечо и шепчет ему о чём-то.

Ирина. Что такое?

Чебутыкин. Нам пора уходить. Будьте здоровы.

Тузенбах. Спокойной ночи. Пора уходить.

Ирина. Позвольте... А ряженые?..

Андрей (сконфуженный). Ряженых не будет. Видишь ли, моя милая, Наташа говорит, что Бобик не совсем здоров, и потому... Одним словом, я не знаю, мне решительно всё равно.

Ирина (пожимая плечами). Бобик нездоров!

Маша. Где наша не пропадала! Гонят, стало быть[124], надо уходить. (Ирине.) Не Бобик болен, а она сама... Вот! (Стучит пальцем по лбу.) Мещанка![125]

Андрей уходит в правую дверь к себе, Чебутыкин идёт

за ним; в за́ле проща́ются.

Федо́тик. Кака́я жа́лость! Я рассчи́тывал провести́ вечеро́к, но е́сли бо́лен ребёночек, то, коне́чно... Я за́втра принесу́ ему́ игру́шечку...

Родэ́ (гро́мко). Я сего́дня наро́чно вы́спался по́сле обе́да, ду́мал, что всю ночь бу́ду танцева́ть. Ведь тепе́рь то́лько де́вять часо́в!

Ма́ша. Вы́йдем на у́лицу, там потолку́ем. Реши́м, что и как.

Слы́шно: «Проща́йте! Бу́дьте здоро́вы!»
Слы́шен весёлый смех Тузенба́ха.
Все ухо́дят. Анфи́са и го́рничная убира́ют со стола́, ту́шат огни́. Слы́шно, как поёт ня́нька. Андре́й в пальто́ и шля́пе и Чебуты́кин ти́хо вхо́дят.

Чебуты́кин. Жени́ться я не успе́л, потому́ что жизнь промелькну́ла, как мо́лния, да и потому́, что безу́мно люби́л твою́ ма́тушку, кото́рая была́ за́мужем...

Андре́й. Жени́ться не ну́жно. Не ну́жно, потому́ что ску́чно.

Чебуты́кин. Та́к-то оно́ так, да одино́чество. Как там ни филосо́фствуй, а одино́чество стра́шная шту́ка, голу́бчик мой... Хотя́, в су́щности... коне́чно, реши́-

тельно всё равно!

Андрей. Пойдёмте скорей.

Чебутыкин. Что же спешить? Успеем.

Андрей. Я боюсь, жена бы не остановила.

Чебутыкин. А!

Андрей. Сегодня я играть не стану, только так посижу. Нездоровится... Что мне делать, Иван Романыч, от одышки?

Чебутыкин. Что спрашивать! Не помню, голубчик. Не знаю.

Андрей. Пройдём кухней.

Уходят.

Звонок, потом опять звонок; слышны голоса, смех.

Ирина (входит). Что там?

Анфиса (шёпотом). Ряженые!

Звонок.

Ирина. Скажи, нянечка, дома нет никого. Пусть извинят.

Вопросы по тексту

- Почему ушёл Вершинин?
- Как изменилось настроение Маши?
- Что говорит ей Наташа?
- Почему Тузенбах «сдерживает смех», когда Наташа говорит по-французски?
- Кто сейчас хозяин в доме?
- Как ведёт себя Солёный?
- О чём говорят Андрей и Чебутыкин?

***

Анфиса уходит. Ирина в раздумье ходит по комнате; она взволнована. Входит Солёный.

Солёный (в недоумении). Никого нет... А где же все?

Ирина. Ушли домой.

Солёный. Странно. Вы одни тут?

Ирина. Одна.

Пауза.

Прощайте.

Солёный. Давеча[126] я вёл себя недостаточно сдержанно, нетактично. Но вы не такая, как все, вы высоки и чисты, вам видна правда... Вы одна, только вы одна можете понять меня. Я люблю, глубоко, бесконечно люблю...

Ирина. Прощайте! Уходите.

Солёный. Я не могу жить без вас. (Идя за ней.) О, моё блаженство! (Сквозь слёзы.) О, счастье! Роскошные, чудные, изумительные глаза, каких я не видел ни у одной женщины...

Ирина (холодно). Перестаньте, Василий Васильич!

Солёный. Первый раз я говорю о любви к вам, и точно я не на земле, а на другой планете. (Трёт себе лоб.) Ну, да всё равно. Насильно мил не будешь[127], конечно... Но счастливых соперников у меня не должно быть... Не должно... Клянусь вам всем святым, соперника я убью... О, чудная!

Наташа проходит со свечой.

Наташа (заглядывает в одну дверь, в другую и проходит мимо двери, ведущей в комнату мужа). Тут Андрей. Пусть читает. Вы простите, Василий Васильич, я не знала, что вы здесь, я по-домашнему.

Солёный. Мне всё равно. Прощайте! (Уходит.)

Наташа. А ты устала, милая, бедная моя девочка! (Целует Ирину.) Ложилась бы спать пораньше.

Ирина. Бобик спит?

Наташа. Спит. Но неспокойно спит. Кстати, милая, я хотела тебе сказать, да всё то тебя нет, то мне некогда... Бобику в теперешней детской, мне кажется, холодно и сыро. А твоя комната такая хорошая для ребёнка. Милая, родная, переберись пока к Оле!

Ирина (не понимая). Куда?

Слышно, к дому подъезжает тройка с бубенчиками.

Наташа. Ты с Олей будешь в одной комнате, пока

что, а твою комнату Бобику. Он такой милашка, сегодня я говорю ему: «Бобик, ты мой! Мой!» А он на меня смотрит своими глазёночками.

Звонок.

Должно быть, Ольга. Как она поздно!

Горничная подходит к Наташе и шепчет ей на ухо.

Протопопов? Какой чудак. Приехал Протопопов, зовёт меня покататься с ним на тройке. (Смеётся.) Какие странные эти мужчины…

Звонок.

Кто-то там пришёл. Поехать разве на четверть часика прокатиться… (Горничной.) Скажи, сейчас.

Звонок.

Звонят… там Ольга, должно быть. (Уходит.)

Горничная убегает: Ирина сидит задумавшись; входят Кулыгин, Ольга, за ними Вершинин.

Кулыгин. Вот тебе и раз[128]. А говорили, что у них будет вечер.

Вершинин. Странно, я ушёл недавно, полчаса назад, и ждали ряженых…

Ирина. Все ушли.

Кулыгин. И Маша ушла? Куда она ушла? А зачем Протопопов внизу ждёт на тройке? Кого он ждёт?

Ири́на. Не задава́йте вопро́сов... Я уста́ла.

Кулы́гин. Ну, капри́зница.

О́льга. Сове́т то́лько что ко́нчился[129]. Я заму́чилась. На́ша нача́льница больна́, тепе́рь я вме́сто неё. Голова́, голова́ боли́т, голова́... (Сади́тся.) Андре́й проигра́л вчера́ в ка́рты две́сти рубле́й... Весь го́род говори́т об э́том...

Кулы́гин. Да, и я уста́л на сове́те. (Сади́тся.)

Верши́нин. Жена́ моя́ сейча́с взду́мала попуга́ть меня́, едва́ не отрави́лась. Всё обошло́сь, и я рад, отдыха́ю тепе́рь... Ста́ло быть, на́до уходи́ть? Что ж, позво́льте пожела́ть всего́ хоро́шего. Фёдор Ильи́ч, пое́демте со мной куда́-нибу́дь! Я до́ма не могу́ остава́ться, совсе́м не могу́... Пое́демте!

Кулы́гин. Уста́л. Не пое́ду. (Встаёт.) Уста́л. Жена́ домо́й пошла́?

Ири́на. Должно́ быть[130].

Верши́нин. Зна́чит, оди́н пое́ду. (Ухо́дит с Кулы́гиным, посви́стывая.)

О́льга. Голова́ боли́т, голова́... Андре́й проигра́л... весь го́род говори́т... Пойду́ ля́гу. (Идёт.) За́втра я свобо́дна... О, бо́же мой, как э́то прия́тно! За́втра свобо́дна, послеза́втра свобо́дна... Голова́ боли́т, голова́... (Ухо́дит.)

Ири́на (одна́). Все ушли́. Никого́ нет.

На у́лице гармо́ника, ня́нька поёт пе́сню.

Ната́ша (в шу́бе и ша́пке идёт через за́лу; за ней го́рничная). Через полчаса́ я бу́ду до́ма. То́лько прое́дусь немно́жко. (Ухо́дит.)

Ири́на (оста́вшись одна́, тоску́ет). В Москву́! В Москву́! В Москву́!

За́навес.

Вопросы по тексту

- Что произошло между Ириной и Солёным?
- О чём просит Ирину Наташа? (Как она это делает?)
- С кем поехала кататься Наташа?
- Что сделал Андрей?
- Какими словами Ирины заканчивается второе действие?
- Напишите, что происходит во втором действии.

Действие третье

Комната Ольги и Ирины. Налево и направо постели, загороженные ширмами. Третий час бьют в набат[131] по случаю пожара, начавшегося уже давно. Видно, что в доме ещё не ложились спать. На диване лежит Маша, одетая, как обыкновенно, в чёрное платье.
Входят Ольга и Анфиса.

Ольга (вынимает из шкафа платья). Вот это серенькое возьми… И вот это… Кофточку тоже… И эту юбку бери, нянечка… Что же это такое, боже мой! Кирсановский переулок весь сгорел, очевидно… Это возьми… Это возьми… (Кидает ей на руки платье). Вершинины бедные напугались…[132] Их дом едва не сгорел. Пусть у нас переночуют… домой их нельзя пускать… У бедного Федотика всё сгорело, ничего не осталось…

Анфиса. Ферапонта позвала бы, Олюшка[133], а то не донесу…

Ольга (звонит). Не дозвонишься… (В дверь.) Подите сюда, кто там есть!

В открытую дверь видно окно, красное от зарева;

слы́шно, как ми́мо до́ма проезжа́ет пожа́рная кома́нда.

Како́й э́то у́жас. И как надое́ло!

Вхо́дит Ферапо́нт.

Вот возьми́ снеси́ вниз... Там под ле́стницей стоя́т ба́рышни Колоти́лины... отда́й им. И э́то отда́й...

Ферапо́нт. Слу́шаю. В двена́дцатом году́[134] Москва́ то́же горе́ла. Го́споди ты бо́же мой! Францу́зы удивля́лись.

О́льга. Иди́, ступа́й...

Ферапо́нт. Слу́шаю. (Ухо́дит.)

О́льга. Ня́нечка, ми́лая, всё отдава́й. Ничего́ нам не на́до, всё отдава́й, ня́нечка... Я уста́ла, едва́ на нога́х стою́... Верши́ниных нельзя́ отпуска́ть домо́й... Де́вочки ля́гут в гости́ной, а Алекса́ндра Игна́тьича вниз к баро́ну... Федо́тика то́же к баро́ну, и́ли пусть у нас в за́ле... До́ктор, как наро́чно, пьян, ужа́сно пьян, и к нему́ никого́ нельзя́. И жену́ Верши́нина то́же в гости́ной.

Анфи́са (утомлённо). О́люшка, ми́лая, не гони́ ты меня́! Не гони́!

О́льга. Глу́пости ты говори́шь, ня́ня. Никто́ тебя́ не го́нит.

Анфи́са (кладёт ей го́лову на грудь). Родна́я моя́,

золота́я моя́, я тружу́сь, я рабо́таю... Слаба́ ста́ну, все ска́жут: пошла́![135] А куда́ я пойду́? Куда́? Во́семьдесят лет. Во́семьдесят второ́й год...

Ольга. Ты посиди́, ня́нечка... Уста́ла ты, бе́дная... (*Уса́живает её.*) Отдохни́, моя́ хоро́шая. Побледне́ла как!

Ната́ша вхо́дит.

Ната́ша. Там, говоря́т, поскоре́е ну́жно соста́вить о́бщество для по́мощи погоре́льцам. Что ж? Прекра́сная мысль. Вообще́ ну́жно помога́ть бе́дным лю́дям, это обя́занность бога́тых. Бо́бик и Со́фочка спят себе́, спят как ни в чем не быва́ло[136]. У нас так мно́го наро́ду везде́, куда́ ни пойдёшь, по́лон дом. Тепе́рь в го́роде инфлюэ́нца[137], бою́сь, как бы не захвати́ли де́ти[138].

Ольга (*не слу́шая её*). В э́той ко́мнате не ви́дно пожа́ра, тут поко́йно...[139]

Ната́ша. Да... Я, должно́ быть, растрёпанная. (*Пе́ред зе́ркалом.*) Говоря́т, я пополне́ла... и непра́вда! Ничу́ть! А Ма́ша спит, утоми́лась, бе́дная... (*Анфи́се хо́лодно.*) При мне не смей сиде́ть! Встань! Ступа́й отсю́да!

Анфи́са ухо́дит; па́уза.

И заче́м ты де́ржишь э́ту стару́ху, не понима́ю!

Ольга (оторопев). Извини, я тоже не понимаю...

Наташа. Ни к чему она тут[140]. Она крестьянка, должна в деревне жить... Что за баловство! Я люблю в доме порядок! Лишних не должно быть в доме. (Гладит её по щеке.) Ты, бедняжка, устала! Устала наша начальница! А когда моя Софочка вырастет и поступит в гимназию, я буду тебя бояться.

Ольга. Не буду я начальницей.

Наташа. Тебя выберут, Олечка. Это решено.

Ольга. Я откажусь. Не могу... Это мне не по силам...[141] (Пьёт воду.) Ты сейчас так грубо обошлась с няней... Прости, я не в состоянии переносить... даже в глазах потемнело...

Наташа (взволнованно). Прости, Оля, прости... Я не хотела тебя огорчать.

Маша встаёт, берёт подушку и уходит, сердитая.

Ольга. Пойми, милая... мы воспитаны, быть может, странно, но я не переношу этого. Подобное отношение угнетает меня, я заболеваю... я просто падаю духом![142]

Наташа. Прости, прости... (Целует её.)

Ольга. Всякая, даже малейшая, грубость, неделикатно сказанное слово волнует меня...

Наташа. Я часто говорю лишнее, это правда, но согласись, моя милая, она могла бы жить в деревне.

Ольга. Она уже тридцать лет у нас.

Наташа. Но ведь теперь она не может работать! Или я не понимаю, или же ты не хочешь меня понять. Она не способна к труду, она только спит или сидит.

Ольга. И пускай[143] сидит.

Наташа (удивлённо). Как пускай сидит?[144] Но ведь она же прислуга. (Сквозь слёзы.) Я тебя не понимаю, Оля. У меня нянька есть, кормилица есть, у нас горничная, кухарка… для чего же нам ещё эта старуха? Для чего?

За сценой бьют в набат.

Ольга. В эту ночь я постарела на десять лет.

Наташа. Нам нужно уговориться[145], Оля. Ты в гимназии, я — дома, у тебя ученье, у меня — хозяйство. И если я говорю что насчёт прислуги, то знаю, что говорю; я знаю, что говорю… И чтоб завтра же не было здесь этой старой воровки, старой хрычовки… (стучит ногами) этой ведьмы!..[146] Не сметь меня раздражать![147] Не сметь! (Спохватившись.) Право[148], если ты не переберёшься вниз, то мы всегда будем ссориться. Это ужасно.

Входит Кулыгин.

Кулыгин. Где Маша? Нам пора бы уже домой. Пожар, говорят, стихает. (*Потягивается.*) Сгорел только один квартал, а ведь был ветер, вначале казалось, что горит весь город. (*Садится.*) Утомился. Олечка моя милая... Я часто думаю: если бы не Маша, то я на тебе бы женился, Олечка. Ты очень хорошая... Замучился. (*Прислушивается.*)

Ольга. Что?

Кулыгин. Как нарочно, у доктора запой, пьян он ужасно. Как нарочно! (*Встаёт.*) Вот он идёт сюда, кажется... Слышите? Да, сюда... (*Смеётся.*) Экий какой, право... я спрячусь... (*Идёт в угол к шкафу.*) Этакий разбойник.

Ольга. Два года не пил, а тут вдруг взял и напился...[149] (*Идёт с Наташей в глубину комнаты.*)

Чебутыкин входит; не шатаясь, как трезвый, проходит по комнате, останавливается, смотрит, потом подходит к рукомойнику и начинает мыть руки.

Чебутыкин (*угрюмо*). Чёрт бы всех побрал... подрал...[150] Думают, что я доктор, умею лечить всякие болезни, а я не знаю решительно ничего, всё позабыл, что знал, ничего не помню, решительно ничего.

Ольга и Наташа, незаметно для него, уходят.

Чёрт бы побрал. В прошлую среду лечил на Засыпи женщину — умерла, и я виноват, что она умерла. Да... Кое-что знал лет двадцать пять назад, а теперь ничего не помню. Ничего. В голове пусто, на душе холодно. Может быть, я и не человек, а только вот делаю вид, что у меня и руки, и ноги... и голова; может быть, я и не существую вовсе, а только кажется мне, что я хожу, ем, сплю. *(Плачет.)* О, если бы не существовать! *(Перестаёт плакать, угрюмо.)* Чёрт знает... Третьего дня разговор в клубе; говорят, Шекспир, Вольтер... Я не читал, совсем не читал, а на лице своём показал, будто читал. И другие тоже, как я. Пошлость! Низость! И та женщина, что уморил[151] в среду, вспомнилась... и всё вспомнилось, и стало на душе криво, гадко, мерзко... пошёл, запил...

Вопросы по тексту

- О чём говорят Ольга и Наташа?
- Как Наташа разговаривает с няней?
- Как она говорит с Ольгой?
- Кто сейчас хозяин в доме?
- Ольга согласна с этой ситуацией?
- Почему сёстры не возражают Наташе?
- Перечитайте ещё раз монолог Чебутыкина. Почему он запил?

***

Ири́на, Верши́нин и Тузенба́х вхо́дят; на Тузенба́хе шта́тское пла́тье, но́вое и мо́дное.

Ири́на. Здесь посиди́м. Сюда́ никто́ не войдёт.

Верши́нин. Е́сли бы не солда́ты, то сгоре́л бы весь го́род. Молодцы́! (Потира́ет от удово́льствия ру́ки.) Золото́й наро́д! Ах, что за молодцы́!

Кулы́гин (подходя́ к ним). Кото́рый час, господа́?

Тузенба́х. Уже́ четвёртый час. Света́ет.

Ири́на. Все сидя́т в за́ле, никто́ не ухо́дит. И ваш э́тот Солёный сиди́т... (Чебуты́кину) Вы бы, до́ктор, шли спать[152].

Чебуты́кин. Ничего́-с... Благодарю́-с. (Причёсывает бо́роду.)

Кулы́гин (смеётся). Назюзю́кался[153], Ива́н Рома́ныч! (Хло́пает по плечу́.) Молоде́ц! In vino veritas[154], — говори́ли дре́вние.

Тузенба́х. Меня́ все про́сят устро́ить конце́рт в по́льзу погоре́льцев.

Ири́на. Ну, кто там...

Тузенба́х. Мо́жно бы устро́ить, е́сли захоте́ть. Ма́-

рья Сергéевна, по-мо́ему, игрáет на роя́ле чудéсно.

Кулы́гин. Чудéсно игрáет!

Ири́на. Онá ужé забы́ла. Три гóда не игрáла… и́ли четы́ре.

Тузенбáх. Здесь в гóроде реши́тельно никтó не понимáет му́зыки, ни однá душá, но я, я понимáю и чéстным слóвом уверя́ю вас, что Мари́я Сергéевна игрáет великолéпно, почти талáнтливо.

Кулы́гин. Вы прáвы, барóн. Я её óчень люблю́, Мáшу. Онá слáвная.

Тузенбáх. Умéть игрáть так роскóшно и в то же врéмя сознавáть, что тебя́ никтó, никтó не понимáет!

Кулы́гин (вздыхáет). Да… Но прили́чно ли ей учáствовать в концéрте?

Пáуза.

Я ведь, господá, ничегó не знáю. Мóжет быть, э́то и хорошó бýдет. Дóлжен признáться, наш дирéктор хорóший человéк, дáже óчень хорóший, умнéйший, но у негó таки́е взгля́ды… Конéчно, не егó дéло, но всё-таки, éсли хоти́те, то я, пожáлуй, поговорю́ с ним.

Чебуты́кин берёт в рýки фарфóровые часы́ и рассмáтривает их.

Верши́нин. На пожáре я загрязни́лся весь, ни на

что не похож[155].

Па́уза.

Вчера́ я ме́льком слы́шал, бу́дто на́шу брига́ду хотя́т перевести́ куда́-то далеко́. Одни́ говоря́т, в Ца́рство По́льское, други́е — бу́дто в Читу́.

Тузенба́х. Я то́же слы́шал. Что ж? Го́род тогда́ совсе́м опусте́ет.

Ири́на. И мы уе́дем!

Чебуты́кин (роня́ет часы́, кото́рые разбива́ются). Вдре́безги!

Па́уза; все огорчены́ и сконфу́жены.

Кулы́гин (подбира́я оско́лки). Разби́ть таку́ю дорогу́ю вещь — ах, Ива́н Рома́ныч, Ива́н Рома́ныч! Ноль с ми́нусом вам за поведе́ние!

Ири́на. Э́то часы́ поко́йной ма́мы.

Чебуты́кин. Мо́жет быть... Ма́мы так ма́мы[156]. Мо́жет, я не разбива́л, а то́лько ка́жется, что разби́л. Мо́жет быть, нам то́лько ка́жется, что мы существу́ем, а на са́мом де́ле нас нет. Ничего́ я не зна́ю, никто́ ничего́ не зна́ет. (У две́ри.) Что смо́трите? У Ната́ши рома́нчик с Протопо́повым, а вы не ви́дите... Вы вот сиди́те тут и ничего́ не ви́дите, а у Ната́ши рома́нчик с Протопо́повым... (Поёт.) Не уго́дно ль э́тот фи́ник вам принять... (Уходит.)

Верши́нин. Да... (Смеётся.) Как всё э́то, в су́щности, стра́нно!

Па́уза.

Когда́ начался́ пожа́р, я побежа́л скоре́й домо́й; подхожу́, смотрю́ — дом наш цел и невреди́м[157] и вне опа́сности, но мои́ две де́вочки стоя́т у поро́га в одно́м белье́, ма́тери нет, сует́ится наро́д, бе́гают ло́шади, соба́ки, и у де́вочек на ли́цах трево́га, у́жас, мольба́, не зна́ю что; се́рдце у меня́ сжа́лось, когда́ я уви́дел э́ти ли́ца. Бо́же мой, ду́маю, что придётся пережи́ть ещё э́тим де́вочкам в тече́ние до́лгой жи́зни! Я хвата́ю их, бегу́ и всё ду́маю одно́: что́ им придётся пережи́ть ещё на э́том све́те!

Наба́т; па́уза.

Прихожу́ сюда́, а мать здесь, кричи́т, се́рдится.

Ма́ша вхо́дит с поду́шкой и сади́тся на дива́н.

И когда́ мои́ де́вочки стоя́ли у поро́га в одно́м белье́, босы́е, и у́лица была́ кра́сной от огня́, был стра́шный шум, то я поду́мал, что не́что похо́жее происходи́ло мно́го лет наза́д, когда́ набега́л неожи́данно враг, гра́бил, зажига́л... Ме́жду тем, в су́щности, кака́я ра́зница ме́жду тем, что есть и что бы́ло! А пройдёт ещё немно́го вре́мени, каки́х-нибудь две́сти — три́ста лет, и на нашу теперешнюю жизнь так же будут смотреть и со страхом, и с насмешкой, всё нынешнее будет казаться и угловатым, и тяжёлым, и очень неудобным, и странным. О, наверное, какая это будет жизнь, какая жизнь! (Смеётся.) Простите, я опять зафилософствовался[158]. Позвольте продолжать, господа. Мне ужасно хочется философствовать, такое у меня теперь настроение.

Пауза.

Точно спят все. Так я говорю: какая это будет жизнь! Вы можете себе только представить... Вот таких, как вы, в городе теперь только три, но в следующих поколениях будет больше, всё больше и больше, и придёт время, когда всё изменится по-вашему, жить будут по-вашему, а потом и вы устареете[159], народятся люди, которые будут лучше вас... (Смеётся.) Сегодня у меня какое-то особенное настроение. Хочется жить чертовски...[160] (Поёт.) Любви все возрасты покорны, её порывы благотворны...[161] (Смеётся.)

Маша. Трам-там-там...
Вершинин. Трам-там...
Маша. Тра-ра-ра?
Вершинин. Тра-та-та. (Смеётся.)

Входит Федотик.

Федо́тик (танцу́ет). Погоре́л, погоре́л! Весь до́чиста!

Смех.

Ири́на. Что ж за шу́тки. Всё сгоре́ло?

Федо́тик (смеётся). Всё до́чиста. Ничего́ не оста́лось. И гита́ра сгоре́ла, и фотогра́фия сгоре́ла, и все мои́ пи́сьма... И хоте́л подари́ть вам записну́ю кни́жечку — то́же сгоре́ла.

Вхо́дит Солёный.

Ири́на. Нет, пожа́луйста, уходи́те, Васи́лий Васи́льич. Сюда́ нельзя́.

Солёный. Почему́ же э́то баро́ну мо́жно, а мне нельзя́?

Верши́нин. На́до уходи́ть, в са́мом де́ле. Как пожа́р?

Солёный. Говоря́т, стиха́ет. Нет, мне положи́тельно стра́нно, почему́ э́то баро́ну мо́жно, а мне нельзя́? (Вынима́ет флако́н с духа́ми и пры́скается.)

Верши́нин. Трам-там-там.

Ма́ша. Трам-там.

Верши́нин (смеётся, Солёному). Пойдёмте в за́лу.

Солёный. Хорошо́-с, так и запи́шем. Мысль э́ту мо́жно б бо́ле[162] поясни́ть, да бою́сь, как бы гусе́й не раздрази́ть...[163] (Гля́дя на Тузенба́ха.) Цып, цып,

цып...

Уходит с Вершининым и Федотиком.

Ирина. Как накурил этот Солёный... (*В недоумении.*) Барон спит! Барон! Барон!

Вопросы по тексту

- Прочитайте ещё раз монолог Вершинина. О чём он говорит?
- Что говорит Чебутыкин о Наташе?
- Почему Вершинин поёт о любви?
- Что означает диалог Вершинина и Маши: «Трам-там-там...» — «Трам-там...»?

**

Тузенба́х (очну́вшись). Уста́л я, одна́ко... Кирпи́чный заво́д... Э́то я не бре́жу, а в са́мом де́ле ско́ро пое́ду на кирпи́чный заво́д, начну́ рабо́тать... Уже́ был разгово́р. (Ири́не, не́жно.) Вы така́я бле́дная, прекра́сная, обая́тельная... Мне ка́жется, ва́ша бле́дность проясня́ет тёмный во́здух, как свет... Вы печа́льны, вы недово́льны жи́знью... О, пое́демте со мной, пое́демте рабо́тать вме́сте!

Ма́ша. Никола́й Льво́вич, уходи́те отсю́да.

Тузенба́х (смея́сь). Вы здесь? Я не ви́жу. (Целу́ет Ири́не ру́ку.) Проща́йте, я пойду́... Я гляжу́ на вас тепе́рь, и вспомина́ется мне, как когда́-то давно́, в день ва́ших имени́н, вы, бо́драя, весёлая, говори́ли о ра́достях труда́... И кака́я мне тогда́ мере́щилась счастли́вая жизнь! Где она́? (Целу́ет ру́ку.) У вас слёзы на глаза́х. Ложи́тесь спать, уж света́ет... начина́ется у́тро... Е́сли бы мне бы́ло позво́лено отда́ть за вас жизнь свою́!

Ма́ша. Никола́й Льво́вич, уходи́те! Ну что, пра́во...

Тузенба́х. Ухожу́... (Ухо́дит.)

Ма́ша (ложи́тся). Ты спишь, Фёдор?

Кулы́гин. А?

Маша. Шёл бы домой.

Кулыгин. Милая моя Маша, дорогая моя Маша...

Ирина. Она утомилась. Дал бы ей отдохнуть, Фёдя.

Кулыгин. Сейчас уйду... Жена моя хорошая, славная... Люблю тебя, мою единственную...

Маша (сердито). Amo, amas, amat, amamus, amatis, amant[164].

Кулыгин (смеётся). Нет, право, она удивительная. Женат я на тебе семь лет, а кажется, что венчались только вчера. Честное слово. Нет, право, ты удивительная женщина. Я доволен, я доволен, я доволен!

Маша. Надоело, надоело, надоело... (Встаёт и говорит сидя.) И вот не выходит у меня из головы... Просто возмутительно. Сидит гвоздём в голове[165], не могу молчать. Я про Андрея... Заложил он этот дом в банке, и все деньги забрала его жена, а ведь дом принадлежит не ему одному, а нам четверым! Он должен это знать, если он порядочный человек.

Кулыгин. Охота[166] тебе, Маша! На что тебе?[167] Андрюша кругом[168] должен, ну, и бог с ним.

Маша. Это, во всяком случае, возмутительно. (Ложится.)

Кулыгин. Мы с тобой не бедны. Я работаю, хожу

в гимназию, потом уроки даю... Я честный человек. Простой... Omnia mea mecum porto[169], как говорится.

Маша. Мне ничего не нужно, но меня возмущает несправедливость.

Пауза.

Ступай, Фёдор!

Кулыгин (целует её). Ты устала, отдохни с полчасика, а я там посижу, подожду. Спи... (Идёт.) Я доволен, я доволен, я доволен. (Уходит.)

Ирина. В самом деле, как измельчал наш Андрей, как он выдохся и постарел около этой женщины! Когда-то готовился в профессора, а вчера хвалился, что попал наконец в члены земской управы. Он член управы, а Протопопов председатель... Весь город говорит, смеётся, и только он один ничего не знает и не видит... И вот все побежали на пожар, а он сидит у себя в комнате и никакого внимания. Только на скрипке играет. (Нервно.) О, ужасно, ужасно, ужасно! (Плачет.) Я не могу, не могу переносить больше!.. Не могу, не могу!..

Ольга входит, убирает около своего столика.

(Громко рыдает.) Выбросьте меня, выбросьте, я больше не могу!..

Ольга (испугавшись). Что ты, что ты? Милая!

Ири́на (рыда́я). Куда́? Куда́ всё ушло́? Где оно́? О, бо́же мой, бо́же мой! Я всё забы́ла, забы́ла... У меня́ перепу́талось в голове́... Я не по́мню, как по-италья́нски окно́ и́ли вот потоло́к... Всё забыва́ю, ка́ждый день забыва́ю, а жизнь ухо́дит и никогда́ не вернётся, никогда́, никогда́ мы не уе́дем в Москву́... Я ви́жу, что не уе́дем...

О́льга. Ми́лая, ми́лая...

Ири́на (сде́рживаясь). О, я несча́стная... Не могу́ я рабо́тать, не ста́ну рабо́тать. Дово́льно, дово́льно! Была́ телеграфи́сткой, тепе́рь служу́ в городско́й упра́ве и ненави́жу и презира́ю всё, что то́лько мне даю́т де́лать... Мне уже́ два́дцать четвёртый год, рабо́таю уже́ давно́, и мозг вы́сох, похуде́ла, подурне́ла, постаре́ла, и ничего́, ничего́, никако́го удовлетворе́ния, а вре́мя идёт, и всё ка́жется, что ухо́дишь от настоя́щей прекра́сной жи́зни, ухо́дишь всё да́льше и да́льше, в каку́ю-то про́пасть. Я в отча́янии, я в отча́янии! И как я жива́, как не уби́ла себя́ до сих пор, не понима́ю...

О́льга. Не плачь, моя́ де́вочка, не плачь... Я страда́ю.

Ири́на. Я не пла́чу, не пла́чу... Дово́льно... Ну, вот я уже́ не пла́чу. Дово́льно... Дово́льно!

Óльга. Милая, говорю тебе как сестра, как друг, если хочешь моего совета, выходи за барона!

Ирина тихо плачет.

Ведь ты его уважаешь, высоко ценишь... Он, правда, некрасивый, но он такой порядочный, чистый... Ведь замуж выходят не из любви, а для того, чтобы исполнить свой долг. Я, по крайней мере, так думаю, и я бы вышла без любви. Кто бы ни посватал[170], всё равно бы пошла, лишь бы порядочный человек. Даже за старика бы пошла...

Ирина. Я всё ждала, переселимся в Москву, там мне встретится мой настоящий, я мечтала о нём, любила... Но оказалось, всё вздор, всё вздор...

Ольга (обнимает сестру). Милая моя, прекрасная сестра, я всё понимаю: когда барон Николай Львович оставил военную службу и пришёл к нам в пиджаке, то показался мне таким некрасивым, что я даже заплакала... Он спрашивает: «Что вы плачете?» Как я ему скажу! Но если бы бог привёл[171] ему жениться на тебе, то я была бы счастлива. Тут ведь другое, совсем другое.

Наташа со свечой проходит через сцену из правой двери в левую молча.

Маша (садится). Она ходит так, как будто она подожгла.

Ольга. Ты, Маша, глупая. Самая глупая в нашей семье — это ты. Извини, пожалуйста.

Пауза.

Маша. Мне хочется каяться, милые сёстры. Томится душа моя. Покаюсь вам и уж больше никому, никогда... Скажу сию минуту. (Тихо.) Это моя тайна, но вы все должны знать... Не могу молчать...

Пауза.

Я люблю, люблю... Люблю этого человека... Вы его только что видели... Ну, да что там. Одним словом, люблю Вершинина...

Ольга (идёт к себе за ширмы). Оставь это. Я всё равно не слышу.

Маша. Что же делать! (Берётся за голову.) Он казался мне сначала странным, потом я жалела его... потом полюбила... полюбила с его голосом, его словами, несчастьями, двумя девочками...

Ольга (за ширмой). Я не слышу всё равно. Какие бы ты глупости ни говорила, я всё равно не слышу.

Маша. Э, глупая ты, Оля. Люблю — такая, значит, судьба моя. Значит, доля моя такая... И он меня любит... Это всё стра́шно. Да? Нехорошо́ э́то? (Тя́нет Ири́ну за́ руку, привлека́ет к себе́.) О, моя́ ми́лая... Ка́к-то мы проживём на́шу жизнь, что из нас бу́дет... Когда́ чита́ешь рома́н како́й-нибу́дь, то ка́жется, что всё э́то старо́, и всё так поня́тно, а как сама́ полю́бишь, то и ви́дно тебе́, что никто́ ничего́ не зна́ет и ка́ждый до́лжен реша́ть сам за себя́... Ми́лые мои́, сёстры мои́... Призна́лась вам, тепе́рь бу́ду молча́ть... Бу́ду тепе́рь, как го́голевский сумасше́дший...[172] молча́ние... молча́ние...

Вхо́дит Андре́й, за ним Ферапо́нт.

Андре́й. Что же ты молчи́шь, О́ля?

Па́уза.

Пора́ уже́ оста́вить э́ти глу́пости и не ду́ться так, здоро́во живёшь...[173] Ты, Ма́ша, здесь, Ири́на здесь, ну вот прекра́сно — объясни́мся начистоту́[174], раз навсегда́. Что вы име́ете про́тив меня́? Что?

О́льга. Оста́вь, Андрю́ша. За́втра объясни́мся. (Волну́ясь.) Кака́я мучи́тельная ночь!

Андре́й (он о́чень смущён). Не волну́йся. Я соверше́нно хладнокро́вно вас спра́шиваю: что вы име́ете про́тив меня́? Говори́те пря́мо.

Го́лос Верши́нина: «Трам-там-там!»

Ма́ша (встаёт, гро́мко). Тра-та-та! (О́льге.) Проща́й, О́ля, госпо́дь с тобо́й. (Идёт за ши́рму, целу́ет Ири́ну.) Спи поко́йно...[175] Проща́й, Андре́й. Уходи́, они́ утомлены́... за́втра объясни́шься... (Ухо́дит.)

О́льга. В са́мом де́ле, Андрю́ша, отло́жим до за́втра... (Идёт к себе́ за ши́рму.) Спать пора́.

Андре́й. То́лько скажу́ и уйду́. Сейча́с... Во-пе́рвых, вы име́ете что́-то про́тив Ната́ши, мое́й жены́, и э́то я замеча́ю с са́мого дня мое́й сва́дьбы. Е́сли жела́ете знать, Ната́ша прекра́сный, че́стный челове́к, прямо́й и благоро́дный — вот моё мне́ние. Свою́ жену́ я люблю́ и уважа́ю, понима́ете, уважа́ю и тре́бую, что́бы её уважа́ли та́кже и други́е. Повторя́ю, она́ че́стный, благоро́дный челове́к, а все ва́ши неудово́льствия, прости́те, э́то про́сто капри́зы...

Па́уза.

Во-вторы́х, вы как бу́дто се́рдитесь за то, что я не профе́ссор, не занима́юсь нау́кой. Но я служу́ в зе́мстве, я член зе́мской упра́вы, и э́то своё служе́ние счита́ю таки́м же святы́м и высо́ким, как служе́ние нау́ке. Я член зе́мской упра́вы и горжу́сь э́тим, е́сли жела́ете знать...

Па́уза.

В-третьих... Я ещё имею сказать... Я заложил дом, не испросив у вас позволения..[176] В этом я виноват, да, и прошу меня извинить. Меня побудили к тому долги... тридцать пять тысяч... Я уже не играю в карты, давно бросил, но главное, что могу сказать в своё оправдание, это то, что вы девушки, вы получаете пенсию, я же не имел... заработка, так сказать...

Пауза.

Кулыгин (в дверь). Маши здесь нет? (Встревоженно.) Где же она? Это странно... (Уходит.)

Андрей. Не слушают. Наташа превосходный, честный человек. (Ходит по сцене молча, потом останавливается.) Когда я женился, я думал, что мы будем счастливы... все счастливы... Но боже мой... (Плачет.) Милые мои сёстры, дорогие сёстры, не верьте мне, не верьте... (Уходит.)

Кулыгин (в дверь встревоженно). Где Маша? Здесь Маши нет? Удивительное дело. (Уходит.)

Набат, сцена пустая.

Ирина (за ширмами). Оля! Кто это стучит в пол?
Ольга. Это доктор Иван Романыч. Он пьян.
Ирина. Какая беспокойная ночь!

Пауза.

Óля! (Выгля́дывает из-за ширм.) Слы́шала? Брига́ду беру́т от нас, перево́дят куда́-то далеко́.

Ольга. Э́то слу́хи то́лько.

Ири́на. Оста́немся мы тогда́ одни́… О́ля!

Ольга. Ну?

Ири́на. Ми́лая, дорога́я, я уважа́ю, я ценю́ баро́на, он прекра́сный челове́к, я вы́йду за него́, согла́сна, то́лько пое́дем в Москву́! Умоля́ю тебя́, пое́дем! Лу́чше Москвы́ нет ничего́ на све́те! Пое́дем, О́ля! Пое́дем!

За́навес.

Вопросы по тексту

- Почему Маша недовольна Андреем?
- Что Ирина говорит о нём?
- Перечитайте монолог Ирины. Почему она плачет?
- Какой совет даёт ей Ольга?
- О чем мечтала Ирина? Она последует совету Ольги? Почему?
- В чём призналась сёстрам Маша?
- Почему её ищет муж?
- Как вы думаете, где она?
- О чём говорят сёстры с братом?
- В чём признаётся Андрей?
- Какими словами заканчивается это действие?
- Напишите, что происходит в третьем действии.

Действие четвёртое

Старый сад при доме Прозоровых. Длинная еловая аллея, в конце которой видна река. На той стороне реки — лес. Направо терраса дома; здесь на столе бутылки и стаканы; видно, что только что пили шампанское. Двенадцать часов дня. С улицы к реке через сад ходят изредка прохожие; быстро проходят человек пять солдат. Чебутыкин в благодушном настроении, которое не покидает его в течение всего акта, сидит в кресле, в саду, ждёт, когда его позовут; он в фуражке и с палкой. Ирина, Кулыгин с орденом на шее, без усов, и Тузенбах, стоя на террасе, провожают Федотика и Родэ, которые сходят вниз; оба офицера в походной форме.

Тузенбах (целуется с Федотиком). Вы хороший, мы жили так дружно. (Целуется с Родэ.) Ещё раз… Прощайте, дорогой мой!

Ирина. До свиданья!

Федотик. Не до свиданья, а прощайте, мы больше уже никогда не увидимся!

Кулыгин. Кто знает! (Вытирает глаза, улыбается.)

Вот и я заплакал.

Ирина. Когда́-нибудь встре́тимся.

Федо́тик. Лет через де́сять — пятна́дцать? Но тогда́ мы едва́ узна́ем друг дру́га, хо́лодно поздоро́ваемся… (Снима́ет фотогра́фию.) Сто́йте… Ещё в после́дний раз.

Родэ́ (обнима́ет Тузенба́ха). Не уви́димся бо́льше… (Целу́ет ру́ку Ири́не.) Спаси́бо за всё, за всё!

Федо́тик (с доса́дой). Да посто́й!

Тузенба́х. Даст бог, уви́димся. Пиши́те же нам. Непреме́нно пиши́те.

Родэ́ (оки́дывает взгля́дом сад). Проща́йте, дере́вья! (Кричи́т.) Гоп-го́п!

Па́уза.

Проща́й, э́хо!

Кулы́гин. Чего́ до́брого, же́нитесь там в По́льше… Жена́-по́лька обни́мет и ска́жет: «Коха́не!»[177] (Смеётся.)

Родэ́. А Мари́я Серге́евна где?

Кулы́гин. Ма́ша в саду́.

Федо́тик. С ней прости́ться.

Родэ́. Проща́йте, на́до уходи́ть, а то я запла́чу… (Обнима́ет бы́стро Тузенба́ха и Кулы́гина, целу́ет ру́ку

Ири́не.) Прекра́сно мы здесь по́жили…

Федо́тик (Кулы́гину). Э́то вам на па́мять… кни́жка с каранда́шиком… Мы здесь пойдём к реке́…

Отхо́дят, о́ба огля́дываются.

Родэ́ (кричи́т). Гоп-го́п!

Кулы́гин (кричи́т). Проща́йте!

В глубине́ сце́ны Федо́тик и Родэ́ встреча́ются с Ма́шей и проща́ются с не́ю; она́ ухо́дит с ни́ми.

Ири́на. Ушли́… (Сади́тся на ни́жнюю ступе́нь терра́сы.)

Чебуты́кин. А со мной забы́ли прости́ться.

Ири́на. Вы же чего́?

Чебуты́кин. Да и я ка́к-то забы́л. Впро́чем, ско́ро уви́жусь с ни́ми, ухожу́ за́втра. Да… Ещё оди́н денёк оста́лся. Через год даду́т мне отста́вку, опя́ть прие́ду сюда́ и бу́ду дожива́ть свой век о́коло вас. Мне до пе́нсии то́лько оди́н годо́чек оста́лся… (Кладёт в карма́н газе́ту, вынима́ет другу́ю.) Прие́ду сюда́ к вам и изменю́ жизнь коренны́м о́бразом. Ста́ну таки́м ти́хоньким, бла́го… благоуго́дным, приличненьким…

Ири́на. А вам на́до бы измени́ть жизнь, голу́бчик. На́до бы ка́к-нибудь.

Чебуты́кин. Да. Чу́вствую. (Ти́хо напева́ет.) Тара-ра... бумбия... сижу на тумбе я...[178]

Кулыгин. Неисправим Иван Романыч! Неисправим!

Чебутыкин. Да вот к вам бы на выучку. Тогда бы исправился.

Ирина. Фёдор сбрил себе усы. Видеть не могу!

Кулыгин. А что?

Чебутыкин. Я бы сказал, на что теперь похожа ваша физиономия, да не могу.

Кулыгин. Что ж! Так принято, это modus vivendi[179]. Директор у нас с выбритыми усами, и я тоже, как стал инспектором, побрился. Никому не нравится, а для меня всё равно. Я доволен. С усами я или без усов, а я одинаково доволен... (*Садится.*)

Ирина. Иван Романыч, голубчик, родной мой, я страшно обеспокоена. Вы вчера были на бульваре, скажите, что произошло там?

Чебутыкин. Что произошло? Ничего. Пустяки. (*Читает газету.*) Всё равно!

Кулыгин. Так рассказывают, будто Солёный и барон встретились вчера на бульваре около театра...

Тузенбах. Перестаньте! Ну что, право...[180] (*Машет рукой и уходит в дом.*)

Кулы́гин. О́коло теа́тра... Солёный стал придира́ться к баро́ну, а тот не стерпе́л, сказа́л что́-то оби́дное...

Чебуты́кин. Не зна́ю. Чепуха́ всё.

Кулы́гин. В како́й-то семина́рии учи́тель написа́л на сочине́нии «чепуха́», а учени́к прочёл «рени́кса» — ду́мал, что по-латы́ни напи́сано... (Смеётся.) Смешно́ удиви́тельно. Говоря́т, бу́дто Солёный влюблён в Ири́ну и бу́дто возненави́дел баро́на... Э́то поня́тно. Ири́на о́чень хоро́шая де́вушка. Она́ да́же похо́жа на Ма́шу, така́я же заду́мчивая. То́лько у тебя́, Ири́на, хара́ктер мя́гче. Хотя́ и у Ма́ши, впро́чем, то́же о́чень хоро́ший хара́ктер. Я её люблю́, Ма́шу.

В глубине́ са́да за сце́ной: «Ау́! Гоп-го́п!»

Ири́на (вздра́гивает). Меня́ ка́к-то всё пуга́ет сего́дня.

Па́уза.

У меня́ уже́ всё гото́во, я по́сле обе́да отправля́ю свои́ ве́щи. Мы с баро́ном за́втра венча́емся, за́втра же уезжа́ем на кирпи́чный заво́д, и послеза́втра я уже́ в шко́ле, начина́ется но́вая жизнь. Как-то мне помо́жет бог! Когда́ я держа́ла экза́мен на учи́тельницу, то да́же пла́кала от ра́дости, от бла́гости...

Па́уза.

Сейчас приедет подвода[181] за вещами...

Кулыгин. Так-то оно так, только как-то всё это не серьёзно. Одни только идеи, а серьёзного мало. Впрочем, от души тебе желаю.

Чебутыкин (в умилении). Славная моя, хорошая... Золотая моя... Далеко вы ушли, не догонишь вас. Остался я позади, точно перелётная птица, которая состарилась, не может лететь. Летите, мой милые, летите с богом!

Пауза.

Напрасно, Фёдор Ильич, вы усы себе сбрили.

Кулыгин. Будет вам![182] (Вздыхает.) Вот сегодня уйдут военные, и всё опять пойдёт по-старому. Что бы там ни говорили, Маша хорошая, честная женщина, я её очень люблю и благодарю свою судьбу. Судьба у людей разная... Тут в акцизе[183] служит некто Козырев. Он учился со мной, его уволили из пятого класса гимназии за то, что никак не мог понять ut consecutivum[184]. Теперь он ужасно бедствует, болен, и я, когда встречаюсь, то говорю ему: «Здравствуй, ut consecutivum!» Да, говорит, именно consecutivum... а сам кашляет. А мне вот всю мою жизнь везёт, я счастлив, вот имею даже Станислава второй степени[185] и сам теперь преподаю́ други́м э́то ut consecutivum. Коне́чно, я у́мный челове́к, умне́е о́чень мно́гих, но сча́стье не в э́том...

В до́ме игра́ют на роя́ле «Моли́тву де́вы»[186].

Ири́на. А за́втра ве́чером я уже́ не бу́ду слы́шать э́той «Моли́твы де́вы», не бу́ду встреча́ться с Протопо́повым...

Па́уза.

А Протопо́пов сиди́т там в гости́ной; и сего́дня пришёл...

Кулы́гин. Нача́льница ещё не прие́хала?

В глубине́ сце́ны ти́хо прохо́дит Ма́ша, прогу́ливаясь.

Ири́на. Нет. За ней посла́ли. Е́сли б то́лько вы зна́ли, как мне тру́дно жить здесь одно́й, без О́ли... Она́ живёт в гимна́зии; она́ нача́льница, це́лый день занята́ де́лом, а я одна́, мне ску́чно, не́чего де́лать, и нави́стна ко́мната, в кото́рой живу́... Я так и реши́ла: е́сли мне не суждено́ быть в Москве́, то так тому́ и быть. Зна́чит, судьба́. Ничего́ не поде́лаешь... Всё в бо́жьей во́ле, э́то пра́вда. Никола́й Льво́вич сде́лал мне предложе́ние... Что ж? Поду́мала и реши́ла. Он хоро́ший челове́к, удиви́тельно да́же, тако́й хоро́ший... И у меня́ вдруг то́чно кры́лья вы́росли на душе́, я повесе́ла, ста́ло мне легко́ и опя́ть захоте́лось рабо́тать, работать… Только вот вчера произошло что-то, какая-то тайна нависла надо мной…

Чебутыкин. Реникса. Чепуха.

Наташа (в окно). Начальница!

Кулыгин. Приехала начальница. Пойдём.

Уходит с Ириной в дом.

Чебутыкин (читает газету и тихо напевает). Тара-ра… бумбия… сижу на тумбе я…

Маша подходит; в глубине Андрей провозит колясочку.

Маша. Сидит себе здесь, посиживает…

Чебутыкин. А что?

Маша (садится). Ничего…

Пауза.

Вы любили мою мать?

Чебутыкин. Очень.

Маша. А она вас?

Чебутыкин (после паузы). Этого я уже не помню.

Маша. Мой здесь? Так когда-то наша кухарка Марфа говорила про своего городового: мой. Мой здесь?[187]

Чебутыкин. Нет ещё.

Маша. Когда берёшь счастье урывочками, по кусочкам, потом его теряешь, как я, то мало-помалу грубеешь, становишься злющей. (Указывает себе на грудь.) Вот тут у меня кипит... (Глядя на брата Андрея, который провозит колясочку.) Вот Андрей наш, братец... Все надежды пропали. Тысячи народа поднимали колокол, потрачено было много труда и денег, а он вдруг упал и разбился. Вдруг, ни с того ни с сего. Так и Андрей...

Андрей. И когда наконец в доме успокоятся. Такой шум.

Чебутыкин. Скоро. (Смотрит на часы, потом заводит их; часы бьют.) У меня часы старинные, с боем... Первая, вторая и пятая батарея уйдут ровно в час.

Пауза.

А я завтра.

Андрей. Навсегда?

Чебутыкин. Не знаю. Может, через год вернусь. Хотя чёрт его знает... Всё равно...

Слышно, как где-то далеко играют на арфе и скрипке.

Андрей. Опустеет город. Точно его колпаком накроют.

Пауза.

Что-то произошло вчера около театра; все говорят, а я не знаю.

Чебутыкин. Ничего. Глупости. Солёный стал придира́ться к баро́ну, а тот вспыли́л и оскорби́л его́, и вы́шло так в конце́ концо́в, что Солёный обя́зан был вы́звать его́ на дуэ́ль. (Смо́трит на часы́.) Пора́ бы, ка́жется, уж... В полови́не пе́рвого, в казённой ро́ще, вот в той, что отсю́да вида́ть за реко́й...[188] Пиф-па́ф[189]. (Смеётся.) Солёный вообража́ет, что он Ле́рмонтов, и да́же стихи́ пи́шет. Вот шу́тки шу́тками, а уж у него́ тре́тья дуэ́ль.

Ма́ша. У кого́?

Чебуты́кин. У Солёного.

Ма́ша. А у баро́на?

Чебуты́кин. Что у баро́на?

Па́уза.

Ма́ша. В голове́ у меня́ перепу́талось... Всё-таки, я говорю́, не сле́дует им позволя́ть. Он мо́жет ра́нить баро́на и́ли да́же уби́ть.

Чебуты́кин. Баро́н хоро́ший челове́к, но одни́м баро́ном бо́льше, одни́м ме́ньше — не всё ли равно́? Пуска́й! Всё равно́!

За са́дом крик: «Ау́! Гоп-го́п!»

Подождёшь. Это Скворцо́в кричи́т, секунда́нт. В ло́дке сиди́т.

Па́уза.

Андре́й. По-мо́ему, и уча́ствовать на дуэ́ли, и прису́тствовать на ней, хотя́ бы в ка́честве врача́, про́сто безнра́вственно.

Чебуты́кин. Э́то то́лько ка́жется... Ничего́ нет на све́те, нас нет, мы не существу́ем, а то́лько ка́жется, что существу́ем... И не всё ли равно́!

Ма́ша. Так вот це́лый день говоря́т, говоря́т... (Идёт.) Живёшь в тако́м кли́мате, того́ гляди́, снег пойдёт, и тут ещё э́ти разгово́ры... (Остана́вливаясь.) Я не пойду́ в дом, я не могу́ туда́ ходи́ть... Когда́ придёт Верши́нин, ска́жете мне... (Идёт по алле́е.) А уже́ летя́т перелётные пти́цы... (Гляди́т вверх.) Ле́беди или гу́си... Ми́лые мои́, счастли́вые мои́... (Ухо́дит.)

Андре́й. Опусте́ет наш дом. Уе́дут офице́ры, уе́дете вы, сестра́ за́муж вы́йдет, и оста́нусь в до́ме я оди́н.

Чебуты́кин. А жена́?

Ферапо́нт вхо́дит с бума́гами.

Андре́й. Жена́ есть жена́. Она́ че́стная, поря́дочная, ну, до́брая, но в ней есть при всём том не́что принижа́ющее её до ме́лкого, слепо́го, э́такого шерша́вого живо́тного. Во вся́ком слу́чае, она́ не челове́к. Говорю́ вам как дру́гу, еди́нственному челове́ку, кото́рому могу́ откры́ть свою́ ду́шу. Я люблю́ Ната́шу, э́то так, но иногда она мне кажется удивительно пошлой, и тогда я теряюсь, не понимаю, за что, отчего я так люблю её или, по крайней мере, любил…

Чебутыкин (встаёт). Я, брат[190], завтра уезжаю, может, никогда не увидимся, так вот тебе мой совет. Знаешь, надень шапку, возьми в руки палку и уходи… уходи и иди, иди без оглядки. И чем дальше уйдёшь, тем лучше.

Солёный проходит к глубине сцены с двумя офицерами; увидев Чебутыкина, он поворачивает к нему; офицеры идут дальше.

Солёный. Доктор, пора! Уже половина первого. (Здоровается с Андреем.)

Чебутыкин. Сейчас. Надоели вы мне все. (Андрею.) Если кто спросит меня, Андрюша, то скажешь, что я сейчас… (Вздыхает.) Охо-хо-хо!

Солёный. Он ахнуть не успел, как на него медведь насел. (Идёт с ним.) Что вы кряхтите[191], старик?

Чебутыкин. Ну!

Солёный. Как здоровье?

Чебутыкин (сердито). Как масло коровье[192].

Солёный. Старик волнуется напрасно. Я позволю себе немного, я только подстрелю его, как вальдшнепа[193]. (*Вынимает духи и брызгает на руки.*) Вот вылил сегодня целый флакон, а они всё пахнут. Они у меня пахнут трупом.

Пауза.

Так-с... Помните стихи? *А он, мятежный, ищет бури, как будто в бурях есть покой...*[194]

Чебутыкин. Да. *Он ахнуть не успел, как на него медведь насел.* (*Уходит с Солёным.*)

Слышны крики: «Гоп! Ау!» Андрей и Ферапонт входят.

Ферапонт. Бумаги подписать...

Андрей (*нервно*). Отстань от меня! Отстань! Умоляю! (*Уходит с колясочкой.*)

Ферапонт. На то ведь и бумаги, чтоб их подписывать. (*Уходит в глубину сцены.*)

Входят Ирина и Тузенбах в соломенной шляпе, Кулыгин проходит через сцену, крича: «Ау, Маша, ау!»

Тузенбах. Это, кажется, единственный человек в городе, который рад, что уходят военные.

Ирина. Это понятно.

Пауза.

Наш город опустеет теперь.

Тузенбах. Милая, я сейчас приду.

Ирина. Куда ты?

Тузенба́х. Мне ну́жно в го́род, зате́м... проводи́ть това́рищей.

Ири́на. Непра́вда... Никола́й, отчего́ ты тако́й рассе́янный сего́дня?

Па́уза.

Что вчера́ произошло́ о́коло теа́тра?

Тузенба́х (нетерпели́вое движе́ние). Через час я верну́сь и опя́ть бу́ду с тобо́й. (Целу́ет ей ру́ки.) Ненагля́дная моя́... (Всма́тривается ей в лицо́.) Уже́ пять лет прошло́, как я люблю́ тебя́, и всё не могу́ привы́кнуть, и ты ка́жешься мне всё прекра́снее. Каки́е преле́стные, чу́дные во́лосы! Каки́е глаза́! Я увезу́ тебя́ за́втра, мы бу́дем рабо́тать, бу́дем бога́ты, мечты́ мои́ оживу́т. Ты бу́дешь сча́стлива. То́лько вот одно́, то́лько одно́: ты меня́ не лю́бишь!

Ири́на. Э́то не в мое́й вла́сти! Я бу́ду твое́й жено́й, и ве́рной, и поко́рной, но любви́ нет, что же де́лать! (Пла́чет.) Я не люби́ла ни ра́зу в жи́зни. О, я так мечта́ла о любви́, мечта́ю уже́ давно́, дни и но́чи, но душа́ моя́, как дорого́й роя́ль, кото́рый за́перт и ключ поте́рян.

Па́уза.

У тебя́ беспоко́йный взгляд.

Тузенба́х. Я не спал всю ночь. В мое́й жи́зни нет ничего́ тако́го стра́шного, что могло́ бы испуга́ть меня́, и то́лько э́тот поте́рянный ключ терза́ет мою́ ду́шу, не даёт мне спать... Скажи́ мне что-нибу́дь.

Па́уза.

Скажи́ мне что-нибу́дь...

Ири́на. Что? Что? Круго́м всё так таи́нственно, ста́рые дере́вья стоя́т, молча́т... (Кладёт го́лову ему́ на грудь.)

Тузенба́х. Скажи́ мне что-нибу́дь.

Ири́на. Что? Что сказа́ть? Что?

Тузенба́х. Что-нибу́дь.

Ири́на. По́лно! По́лно!

Па́уза.

Тузенба́х. Каки́е пустяки́, каки́е глу́пые ме́лочи иногда́ приобрета́ют в жи́зни значе́ние вдруг, ни с того́ ни с сего́[195]. По-пре́жнему смеёшься над ни́ми, счита́ешь пустяка́ми, и всё же идёшь и чу́вствуешь, что у тебя́ нет сил останови́ться. О, не бу́дем говори́ть об э́том! Мне ве́село. Я то́чно пе́рвый раз в жи́зни ви́жу э́ти е́ли, клёны, берёзы, и всё смо́трит на меня́ с любопы́тством и ждёт. Каки́е краси́вые дере́вья и, в су́щности, кака́я должна́ быть о́коло них краси́вая жизнь!

Крик: «Аý! Гоп-го́п!»

На́до идти́, уже́ пора́... Вот де́рево засо́хло, но всё же оно́ вме́сте с други́ми кача́ется от ве́тра. Так, мне ка́жется, е́сли я и умру́, то всё же бу́ду уча́ствовать в жи́зни так и́ли ина́че. Проща́й, моя́ ми́лая... (Целу́ет ру́ки.) Твои́ бума́ги, что ты мне дала́, лежа́т у меня́ на столе́, под календарём.

Ири́на. И я с тобо́й пойду́.

Тузенба́х (трево́жно). Нет, нет! (Бы́стро идёт, на алле́е остана́вливается.) Ири́на!

Ири́на. Что?

Тузенба́х (не зна́я, что сказа́ть). Я не пил сегодня ко́фе. Ска́жешь, чтобы мне свари́ли... (Бы́стро ухо́дит.)

Вопросы по тексту

- Как Ирина решила изменить свою жизнь?
- Какое горе у Маши?
- Почему Маша говорит: «Живёшь в таком климате, того гляди снег пойдёт, и тут ещё эти разговоры»?
- О чём говорят Андрей и Чебутыкин? Что советует Чебутыкин Андрею?
- Что говорит Чебутыкин о бароне?
- Что произошло около театра?
- Любит ли Ирина Тузенбаха?
- Как вы понимаете разговор Ирины и барона? Что он хотел услышать?
- Почему Тузенбах говорит Ирине, где лежат бумаги (документы)?
- Почему Солёный постоянно поливает руки духами?

***

Ирина стоит задумавшись, потом уходит в глубину сцены и садится на качели. Входит Андрей с колясочкой, показывается Ферапонт.

Ферапонт. Андрей Сергеич, бумаги-то ведь не мои, а казённые. Не я их выдумал.

Андрей. О, где оно́, куда ушло моё прошлое, когда я был мо́лод, ве́сел, умён, когда я мечтал и мыслил изя́щно, когда настоящее и будущее моё озаря́лись наде́ждой? Отчего мы, едва начавши жить, становимся ску́чны, се́ры, неинтере́сны, лени́вы, равноду́шны, бесполе́зны, несча́стны... Город наш существует уже две́сти лет, в нём сто тысяч жителей, и ни одного, который не был бы похож на других, ни одного подвижника[196] ни в прошлом, ни в настоящем, ни одного учёного, ни одного художника, ни мало-мальски заметного человека, который возбуждал бы зависть или страстное желание подражать ему. Только едя́т, пьют, спят, потом умира́ют... родя́тся другие и тоже едя́т, пьют, спят и, чтобы не отупе́ть от ску́ки, разнообра́зят жизнь свою́ гадкой спле́тней, водкой, картами, сутя́жничеством[197], и жёны обманывают мужей, а мужья лгут, делают вид, что ничего не видят, ничего не слышат, и неотразимо пошлое влияние гнетёт детей, и искра божия[198] гаснет в них, и они становятся такими же жалкими, похожими друг на друга мертвецами, как их отцы и матери... (Ферапонту сердито.) Что тебе?

Ферапонт. Чего? Бумаги подписать.

Андрей. Надоел ты мне.

Ферапонт (подавая бумаги). Сейчас швейцар[199] из казённой палаты сказывал... Будто, говорит, зимой в Петербурге мороз был в двести градусов.

Андрей. Настоящее противно, но зато когда я думаю о будущем, то как хорошо! Становится так легко, так просторно; и вдали забрезжит свет, я вижу свободу, я вижу, как я и дети мои становимся свободны от праздности, от квасу, от гуся с капустой, от сна после обеда, от подлого тунеядства...[200]

Ферапонт. Две тысячи людей помёрзло будто. Народ, говорит, ужасался. Не то в Петербурге, не то в Москве — не упомню.

Андрей (охваченный нежным чувством). Милые мои сёстры, чудные мои сёстры! (Сквозь слёзы.) Маша, сестра моя...

Наташа (в окне). Кто здесь разговаривает так громко? Это ты, Андрюша? Софочку разбудишь. Il ne faut pas faire du bruit, la Sophie est dormée déjà. Vous êtes un ours[201]. (Рассердившись.) Если хочешь разговаривать, то отдай колясочку с ребёнком кому-нибудь другому. Ферапонт, возьми у барина колясочку!

Бродячие музыканты, мужчина и девушка, играют на скрипке и арфе; из дому выходят Вершинин, Ольга и Анфиса и с минуту слушают молча; подходит Ирина.

Ольга. Наш сад как проходной двор[202], через него и ходят, и ездят. Няня, дай этим музыкантам что-нибудь!..

Анфиса (подаёт музыкантам). Уходите с богом[203], сердечные.

Музыканты кланяются и уходят.

Горький народ[204]. От сытости не заиграешь. (Ирине.) Здравствуй, Ариша! (Целует её.) И-и, деточка, вот живу! Вот живу! В гимназии на казённой квартире, золотая[205], вместе с Олюшкой — определил господь на старости лет. Отродясь[206] я, грешница, так не жила... Квартира большая, казённая, и мне цельная[207] комнатка и кроватка. Всё казённое. Проснусь ночью и — о господи, матерь божия, счастливей меня человека нету!

Вершинин (взглянув на часы). Сейчас уходим, Ольга Сергеевна. Мне пора.

Пауза.

Я желаю вам всего, всего... Где Мария Сергеевна?

Ирина. Она где-то в саду... Я пойду поищу её.

Вершинин. Будьте добры. Я тороплюсь.

Анфиса. Пойду и я поищу. (Кричит.) Машенька, ау![208]

Уходит вместе с Ириной в глубину сада.

А-у, а-у!

Вершинин. Всё имеет свой конец. Вот и мы расстаёмся. (Смотрит на часы.) Город давал нам что-то вроде завтрака, пили шампанское, городской голова[209] говорил речь, я ел и слушал, а душой был здесь, у вас... (Оглядывает сад.) Привык я к вам.

Ольга. Увидимся ли мы ещё когда-нибудь?

Вершинин. Должно быть, нет.

Пауза.

Жена моя и обе девочки проживут здесь ещё месяца два; пожалуйста, если что случится или что понадобится...

Ольга. Да, да, конечно. Будьте покойны.

Пауза.

В го́роде за́втра не бу́дет уже́ ни одного́ вое́нного, всё ста́нет воспомина́нием, и, коне́чно, для нас начнётся но́вая жизнь…

Па́уза.

Всё де́лается не по-на́шему. Я не хоте́ла быть нача́льницей и всё-таки сде́лалась е́ю. В Москве́, зна́чит, не быть…

Верши́нин. Ну… Спаси́бо вам за всё. Прости́те мне, е́сли что не так… Мно́го, о́чень уж мно́го я говори́л — и за э́то прости́те, не помина́йте ли́хом[210].

О́льга (утира́ет глаза́). Что ж э́то Ма́ша не идёт…

Верши́нин. Что же ещё вам сказа́ть на проща́ние? О чём пофилосо́фствовать?.. (Смеётся.) Жизнь тяжела́. Она́ представля́ется мно́гим из нас глухо́й и безнадёжной, но всё же, на́до созна́ться, она́ стано́вится всё ясне́е и ле́гче, и, по-ви́димому, недалеко́ то вре́мя, когда́ она́ ста́нет совсе́м све́тлой. (Смо́трит на часы́.) Пора́ мне, пора́! Пре́жде челове́чество бы́ло за́нято во́йнами, заполня́я всё своё существова́ние похо́дами, набе́гами, побе́дами, тепе́рь же всё э́то отжи́ло, оста́вив по́сле себя́ грома́дное пусто́е ме́сто, кото́рое пока́ не́чем запо́лнить; челове́чество стра́стно и́щет и, коне́чно, найдёт. Ах, то́лько бы поскоре́е!

Па́уза.

Éсли бы, зна́ете, к трудолю́бию приба́вить образова́ние, а к образова́нию трудолю́бие. (Смо́трит на часы́.) Мне, одна́ко, пора́…

О́льга. Вот она́ идёт.

Ма́ша вхо́дит.

Верши́нин. Я пришёл прости́ться…

О́льга отхо́дит немно́го в сто́рону, чтобы не помеша́ть проща́нию.

Ма́ша (смо́трит ему́ в лицо́). Проща́й…

Продолжи́тельный поцелу́й.

О́льга. Бу́дет, бу́дет…

Ма́ша си́льно рыда́ет.

Верши́нин. Пиши́ мне… Не забыва́й! Пусти́ меня́… пора́… О́льга Серге́евна, возьми́те её, мне уже́… пора́… опозда́л… (Растро́ганный, целу́ет ру́ки О́льге, пото́м ещё раз обнима́ет Ма́шу и бы́стро ухо́дит.)

О́льга. Бу́дет[211], Ма́ша! Переста́нь, ми́лая…

Вхо́дит Кулы́гин.

Кулы́гин (в смуще́нии). Ничего́, пусть попла́чет, пусть… Хоро́шая моя́ Ма́ша, до́брая моя́ Ма́ша… Ты моя́ жена́, и я сча́стлив, что бы там ни́ было... Я не жа́луюсь, не де́лаю тебе́ ни одного́ упрёка... вот и О́ля свиде́тельница... Начнём жить опя́ть по-ста́рому, и я тебе́ ни одного́ сло́ва, ни намёка...

Ма́ша (сде́рживая рыда́ния). У лукомо́рья дуб зелёный[212], злата́я цепь на ду́бе том... злата́я цепь на ду́бе том... Я с ума́ схожу́... У лукомо́рья... дуб зелёный...

О́льга. Успоко́йся, Ма́ша... Успоко́йся... Дай ей воды́.

Ма́ша. Я бо́льше не пла́чу...

Кулы́гин. Она́ уже́ не пла́чет... она́ до́брая...

Слы́шен глухо́й, далёкий вы́стрел.

Ма́ша. У лукомо́рья дуб зелёный, злата́я цепь на ду́бе том... Кот зелёный... дуб зелёный... Я пу́таю... (Пьёт во́ду.) Неуда́чная жизнь... ничего́ мне тепе́рь не ну́жно... Я сейча́с успоко́юсь... Всё равно́... Что зна́чит у лукомо́рья? Почему́ э́то сло́во у меня́ в голове́? Пу́таются мы́сли.

Ири́на вхо́дит.

О́льга. Успоко́йся, Ма́ша. Ну, вот у́мница... Пойдём в ко́мнату.

Ма́ша (серди́то). Не пойду́ я туда́. (Рыда́ет, но то́тчас же остана́вливается.) Я в дом уже́ не хожу́, и не пойду́...

Ири́на. Дава́йте посиди́м вме́сте, хоть помолчи́м. Ведь за́втра я уезжа́ю...

Па́уза.

Вхо́дит Ната́ша.

Ната́ша (го́рничной). Что? С Со́фочкой посиди́т Протопо́пов, Михаи́л Ива́ныч, а Бо́бика пусть покатает Андре́й Серге́ич. Сто́лько хлопо́т с детьми́... (Ири́не.) Ири́на, ты за́втра уезжа́ешь — така́я жа́лость. Оста́нься ещё хоть неде́льку. (Уви́дев Кулы́гина, вскри́кивает; тот смеётся и снима́ет усы́ и бо́роду.) Ну вас совсе́м, испуга́ли! (Ири́не.) Я к тебе́ привы́кла и расста́ться с тобо́й, ты ду́маешь, мне бу́дет легко́? В твою́ ко́мнату я велю́ пересели́ть Андре́я с его́ скри́пкой — пусть там пили́т![213] — а в его́ ко́мнату мы помести́м Со́фочку. Ди́вный, чу́дный ребёнок! Что за девчу́рка! Сего́дня она́ посмотре́ла на меня́ свои́ми гла́зками и — «ма́ма»!

Кулы́гин. Прекра́сный ребёнок, э́то ве́рно.

Ната́ша. Зна́чит, за́втра я уже́ одна́ тут. (Вздыха́ет.) Велю́ пре́жде всего́ сруби́ть э́ту ело́вую алле́ю, пото́м вот э́тот клён. По вечера́м он тако́й некраси́вый... (Ири́не.) Ми́лая, совсе́м не к лицу́ тебе́ э́тот по́яс... Э́то безвкусица… Надо что-нибудь светленькое. И тут везде я велю понасажать[214] цветочков, цветочков, и будет запах… (Строго.) Зачем здесь на скамье валяется вилка? (Проходя в дом, горничной.) Зачем здесь на скамье валяется вилка, я спрашиваю? (Кричит.) Молчать!

Кулыгин. Разошлась![215]

За сценой музыка играет марш; все слушают.

Ольга. Уходят.

Входит Чебутыкин.

Маша. Уходят наши. Ну, что ж… Счастливый им путь! (Мужу.) Надо домой… Где моя шляпа и тальма?[216]

Кулыгин. Я в дом отнёс… Принесу сейчас. (Уходит в дом.)

Ольга. Да, теперь можно по домам. Пора.

Чебутыкин. Ольга Сергеевна!

Ольга. Что?

Пауза.

Что?

Чебутыкин. Ничего… Не знаю, как сказать вам… (Шепчет ей на ухо.)

Ольга (в испуге). Не может быть!

Чебуты́кин. Да... така́я исто́рия... Утоми́лся я, заму́чился, бо́льше не хочу́ говори́ть... (С доса́дой.) Впро́чем, всё равно́!

Ма́ша. Что случи́лось?

О́льга (обнима́ет Ири́ну). Ужа́сный сего́дня день... Я не зна́ю, как тебе́ сказа́ть, моя́ дорога́я...

Ири́на. Что? Говори́те скоре́й: что? Бо́га ра́ди! (Пла́чет.)

Чебуты́кин. Сейча́с на дуэ́ли уби́т баро́н.

Ири́на (ти́хо пла́чет). Я зна́ла, я зна́ла...

Чебуты́кин (в глуби́не сце́ны сади́тся на скамью́). Утоми́лся... (Вынима́ет из карма́на газе́ту.) Пусть попла́чут... (Ти́хо напева́ет.) Та-ра-ра-бу́мбия... сижу́ на ту́мбе я... Не всё ли равно́!

Три сестры́ стоя́т, прижа́вшись друг к дру́гу.

Ма́ша. О, как игра́ет му́зыка! Они́ ухо́дят от нас, оди́н ушёл совсе́м, совсе́м, навсегда́, мы оста́немся одни́, что́бы нача́ть на́шу жизнь сно́ва. На́до жить... На́до жить...

Ири́на (кладёт го́лову на грудь О́льге). Придёт вре́мя, все узна́ют, заче́м всё э́то, для чего́ э́ти страда́ния, никаки́х не бу́дет тайн, а пока́ на́до жить... на́до рабо́тать, то́лько рабо́тать! За́втра я пое́ду одна́, бу́ду учи́ть в шко́ле и всю свою́ жизнь отда́м тем, кому́ она́, быть мо́жет, нужна́. Тепе́рь о́сень, ско́ро придёт зима́, засы́плет снегом, а я бу́ду рабо́тать, бу́ду рабо́тать...

О́льга (обнима́ет обе́их сестёр). Му́зыка игра́ет так ве́село, бо́дро, и хо́чется жить! О, бо́же мой! Пройдёт вре́мя, и мы уйдём наве́ки, нас забу́дут, забу́дут на́ши ли́ца, голоса́ и ско́лько нас бы́ло, но страда́ния на́ши перейду́т в ра́дость для тех, кто бу́дет жить по́сле нас, сча́стье и мир наста́нут на земле́, и помя́нут до́брым сло́вом и благословя́т тех, кто живёт тепе́рь. О, ми́лые сёстры, жизнь на́ша ещё не ко́нчена. Бу́дем жить! Му́зыка игра́ет так ве́село, так ра́достно, и, ка́жется, ещё немно́го, и мы узна́ем, заче́м мы живём, заче́м страда́ем... Если бы знать, е́сли бы знать!

Му́зыка игра́ет всё ти́ше и ти́ше; Кулы́гин, весёлый, улыба́ющийся, несёт шля́пу и та́льму, Андре́й везёт коля́сочку, в кото́рой сиди́т Бо́бик.

Чебуты́кин (ти́хо напева́ет). Тара-ра-бу́мбия... сижу́ на ту́мбе я... (Чита́ет газе́ту.) Всё равно́! Всё равно́!

О́льга. Е́сли бы знать, е́сли бы знать!

За́навес.

Вопросы по тексту

- Прочитайте ещё раз монолог Андрея. О чём он говорит?
- Почему Маша уже не ходит в дом?
- О чём говорят Ирина, Маша и Ольга?
- О чём мечтает Наташа? Как она себя ведёт?
- Как Ирина принимает известие о смерти жениха? Что она собирается делать?
- Что говорит Маша о будущем?
- Какими словами заканчивается пьеса?
- Напишите, что происходит в четвёртом действии.

Вопросы по всей пьесе

- Какая фраза повторяется на протяжении всей пьесы? Как это понимать?
- Есть ли в пьесе положительные и отрицательные персонажи? Кто это?
- Что вы думаете о судьбе сестёр?
- Кто из персонажей вам нравится?
- В пьесе есть любовная линия — роман Маши и Вершинина, которым мы сочувствуем. Но есть и «романчик» Наташи и Протопопова, к которому совсем другое отношение. В чём разница, как вы думаете?
- Какие проблемы автор поднимает в этой пьесе?
- Как вы думаете, сёстры поедут в Москву? Что для них Москва?
- Вы прочитали в оригинале пьесу А.П. Чехова «Три сестры». Напишите сочинение на одну из тем, которые даст преподаватель.

세 자매
(4막극)

정혜린 옮김

등장인물

쁘로조로프 안드레이 세르게예비치

나딸리야 이바노브나 안드레이의 약혼녀, 훗날의 아내

올가, 마샤, 이리나 안드레이의 누이들

꿀르이긴 표도르 일리이치 김나지움 교사, 마샤의 남편

베르쉬닌 알렉산드르 이그나찌예비치 육군 중령, 포병 중대장

뚜젠바흐 니꼴라이 르보비치 남작, 육군 중위

솔료느이 바실리 바실리예비치 육군 이등 대위

체부뜨이낀 이반 로마노비치 군의관

페도찌끄 알렉세이 뻬뜨로비치 육군 소위

로데 블라지미르 까를로비치 육군 소위

페라뽄뜨 지방자치회 수위, 노인

안피사 유모, 80세의 노파

사건은 지방의 한 도시에서 일어난다.

제1막

쁘로조로프 가(家)의 저택, 몇 개의 기둥이 있는 거실, 그 뒤로 넓은 홀이 보인다. 한낮, 정원은 화창하고 즐겁다. 홀에 있는 식탁에 아침식사를 차리고 있다.

여자 김나지움의 푸른색 교사복을 입은 올가는 서성거리며 줄곧 학생들의 공책을 검사하고 있다.

검은색 원피스를 입은 마샤는 모자를 무릎 위에 올려놓은 채 앉아서 책을 읽는다. 하얀색 원피스 차림의 이리나는 생각에 잠긴 채 서 있다.

올가   아버지가 정확히 1년 전에 돌아가셨지. 5월 5일 바로 이리나 너의 명명일에 말이야. 몹시 추웠고 눈이 내렸어. 난 그 상황을 견뎌내지 못할 거라 생각했는데. 너는 정신을 잃고 죽은 사람처럼 누워 있었지. 그런데 이렇게 1년이 지났고, 우리는 무심하게 그날을 회상하고 있구나. 넌 벌써 하얀 원피스를 차려입었네. 너의 얼굴은 빛이 나는구나.

시계가 12시를 알린다.

그때도 이렇게 시계가 울렸지.

사이.

아버지를 묘지로 모실 때 음악이 연주되고 묘지에서 조포(弔砲)를 쏘던 게 생각나. 아버지는 장군이었고, 여단을 지휘하셨지만 사람들이 많이 오지는 않았어. 게다가 그날 비까지 내렸지. 엄청난 진눈깨비였어.

이리나 뭣하러 그날을 떠올려!

기둥 뒤 홀에 놓인 식탁 주변에 뚜젠바흐 남작, 체부뜨이낀과 솔료느이가 보인다.

올가 오늘은 따뜻해서 창문을 활짝 열어 둘 수 있겠어. 그런데 아직 자작나무에 새순이 돋지는 않았네. 아버지가 여단장이 되신 후에 우리와 모스끄바를 떠난 게 11년 전이야. 나는 생생하게 기억해. 5월 초, 바로 이맘때면 모스끄바에는 이미 꽃이 만발하고 따뜻하고, 만물에 햇빛이 가득하지. 11년이 지났지만 나는 마치 어제 그곳을 떠난 것처럼 모든 것이 생생해. 오! 오늘 아침 잠에서 깼을 때 가득한 햇살을 보았어. 봄을 보았지. 마음속에 기쁨이 벅차오르면서 너무나 고향에 가고 싶은 거야.

체부뜨이낀 어림도 없는 소리!

뚜젠바흐 그렇죠, 터무니없어요.

마샤, 책을 보며 생각에 잠긴 채 휘파람으로 조용히 노래를 부른다.

올가 휘파람 불지 마, 마샤. 무슨 짓이야!

사이.

매일 김나지움에 있으면서 저녁때까지 수업을 해서 그런지 항상 머리가 아파. 난 벌써 늙어 버렸다는 생각이 들어. 사실 김나지움에서 일한 4년 동안 내 기력과 젊음이 매일 조금씩 빠져나가는 것 같이 느껴져. 그리고 한 가지 꿈만 더 커지고 강해지고 있어...

이리나 모스끄바로 가야 해. 이 집을 팔고, 이곳을 모두 정리하고 모스끄바로 가는 거야...

올가 그래! 하루 빨리 모스끄바로 가자.

체부뜨이낀과 뚜젠바흐가 웃는다.

이리나 오빠는 분명 교수가 될 테니까 어차피 여기서 살지 않을 테고, 가여운 마샤 언니만 남게 되네.

올가 마샤는 매년 여름 모스끄바에 와서 지내면 되지.

마샤는 휘파람으로 조용히 노래를 부른다.

이리나   하느님께서 모든 일이 다 잘되게 도와주실 거야. (창문을 보며) 오늘 날씨 좋다. 내 마음이 왜 이렇게 즐거운지 모르겠어! 오늘 아침 내 명명일이라고 생각하니, 문득 기쁜 거야. 그리고 엄마가 살아 계시던 어린 시절이 떠올랐어! 얼마나 멋진 상상들이 날 들뜨게 하는지, 정말 멋진 상상들이었어!

올가   너는 오늘 빛나고 너무도 아름다워. 마샤도 예쁘고. 안드레이 오빠도 멋있을 수 있었는데, 살이 너무 쪘어, 뚱뚱한 건 안 어울려. 그리고 나는 늙고 너무 야위었어, 아마도 김나지움에서 아이들에게 화를 내서 그럴 거야. 그래도 오늘은 쉬는 데다 집에 있어서 그런지 머리도 안 아프고 어제보다 젊어진 느낌이야. 내 나이 스물여덟, 단지... 모든 것이 다 하느님의 뜻이겠지만, 내 생각에는, 만일 내가 결혼해서 하루 종일 집에 있을 수 있다면 그게 더 좋을 것 같아.

사이.

난 남편을 사랑했을 텐데.

생각해 볼 문제

· 작품 도입부의 날씨와 분위기는 어떻습니까?

· 1년 전에 무슨 일이 있었습니까?

· 세 자매가 있습니다: 하얀 원피스를 입은 이리나, 파란 옷의 올가와 검은 옷의 마샤

- 이들 중에 누가 동생입니까?

- 올가의 불만은 무엇입니까? 그녀는 무엇을 원하고 있습니까?

- 세 자매의 꿈은 무엇입니까?

***

뚜젠바흐 (솔료느이에게) 무슨 헛소리 하는 거요. 정말 지긋지긋하군. (거실로 들어오며) 말씀드리는 걸 잊었어요. 우리 신임 포병 중대장이신 베르쉰 중령이 오늘 댁을 방문하실 겁니다. (피아노 앞에 앉는다.)
올가 어머나! 잘됐군요.
이리나 나이가 많으신가요?
뚜젠바흐 아뇨. 많지 않아요. 많아 봐야 마흔이나 마흔 다섯 정도. (조용히 연주한다.) 좋은 분 같아 보여요. 바보는 아니에요. - 이건 확실하죠. 단지 말이 좀 많을 뿐.
이리나 매력적인 분인가요?
뚜젠바흐 네, 그럼요. 다만 아내와 장모 그리고 딸이 둘 있지요. 게다가 재혼이에요. 그분은 어딜 가든 아내와 두 딸이 있다는 말을 해요. 아마 여기서도 할 겁니다. 부인은 정신이 약간 이상한지 머리는 처녀처럼 길게 땋고, 허풍을 떨면서 철학적인 얘길 하질 않나 툭하면 자살을 시도하는데, 분명 남편을 괴롭히려고 그러는 거예요. 나라면 진작 그런 여자와 헤어졌을 텐데. 그분은 참으면서 불평만 하시더군요.
이리나 이반 로마느이치 아저씨, 다정한 이반 로마느이치 아저씨!
체부뜨이낀 왜요, 나의 기쁨, 나의 사랑스런 아가씨?

141

이리나 말씀해 주세요, 저는 오늘 왜 이렇게 행복하죠? 꼭 돛단배를 탄 것 같아요, 머리 위로 넓고 푸른 하늘이 펼쳐져 있고 커다랗고 하얀 새들이 날아다니는 것 같아요. 왜 그럴까요? 왜 그런 거죠?

체부뜨이낀 (그녀의 손에 부드럽게 입을 맞추며) 나의 하얀 새여...

이리나 오늘 아침 눈을 뜨고 일어나 세수를 하는데 갑자기 이 세상 모든 것들이 이해가 되면서 어떻게 살아야 할지 알 것 같았어요. 다정한 이반 로마느이치 아저씨, 전 다 알아요. 사람이라면 누구든지 노동을 해야 해요, 땀 흘리며 일해야 해요, 바로 여기에 인생의 의미와 목적, 행복과 기쁨이 있는 거예요. 이른 새벽 일어나 거리에서 돌을 깨는 노동자나, 양치기 목동, 아니면 아이들을 가르치는 선생님이나 철도 기관사로 산다면 얼마나 좋을까요... 맙소사, 일하기 위해서는 황소나 말이 되는 게 낫겠어요. 정오에 일어나 침대에서 커피를 마시고, 옷 입는 데 두 시간이나 걸리는 아가씨보다는요... 오, 그건 정말 끔찍하군요! 무더운 날 종종 못 견디게 갈증이 나듯이 전 정말 일하고 싶어요. 만일 제가 일찍 일어나 일하지 않으면 저랑 연을 끊어 주세요, 이반 로마느이치 아저씨.

체부뜨이낀 (부드럽게) 그러지요, 연을 끊읍시다...

올가 아버지는 우리가 7시에 일어나도록 가르치셨죠. 요즘 이리나는 7시에 눈을 뜨긴 하지만 최소한 9시까지는 누운 채로 뭔가를 생각한답니다. 표정이 어찌나 심각한지! (웃는다.)
이리나 언니는 날 어린애 취급하니까 내가 진지한 표정을 짓는 게 이상해 보이겠지. 나도 스무 살이라고!

뚜젠바흐 노동에 대한 갈망이라, 오, 그 심정 제가 잘 알죠! 난 평생 일을 해본 적이 없거든요. 춥고 할 일 없는 뻬쩨르부르그에서, 노동이나 어떤 걱정이라곤 조금도 모르는 집안에서 태어났죠. 내가 부대에서 집으로 돌아오면 하인이 장화를 벗겨 주는데, 그때 나는 제멋대로 굴었죠. 그래도 어머니는 나를 환희에 차서 바라보셨고, 남들이 저를 다르게 보면 놀라시곤 했어요. 나를 노동으로부터 보호하려 하신 거죠. 단지 성공하지 못했을 뿐, 전혀요! 때가 왔어요, 우리를 향해 엄청난 것이 다가오고 있어요. 커다랗고 강력한 폭풍이 만들어지고 있어요. 벌써 가까이 왔어요. 우리 사회에서 나태와 무관심, 노동에 대한 편견, 썩어 빠진 권태를 순식간에 날려 버릴 겁니다. 나는 일을 할 거예요. 25년이나 30년 뒤에는 모든 사람이 일을 하게 될 겁니다. 모든 사람이!

체부뜨이긴 난 일하지 않을 거요.

뚜젠바흐 선생님은 예외로 하죠.

솔료느이 25년 후라면 당신은 아마 이 세상에 없을 거요, 다행히도. 2, 3년 안에 당신은 뇌졸중으로 급사하거나 아니면 내가 발끈해서 당신 이마에 총알을 박아 버릴 테니까, 천사 양반. (주머니에서 향수병을 꺼내 가슴과 손에 뿌린다.)

체부뜨이낀 (웃는다.) 사실 나는 지금껏 아무것도 하지 않았소. 대학을 졸업하고 나서 손가락 하나 까딱하지 않았으니까, 끝까지 읽은 책도 한 권 없고, 신문만 읽었으니 말이오... (주머니에서 다른 신문을 꺼낸다.) 자 이렇게... 무슨 일이 있었는지 신문을 보고 아는 거요, 이를테면 도브롤류보프는 알지만 그 사람이 뭘 썼는지는 모르지... 알게 뭐요...

아래층에서 마룻바닥을 쿵쿵 울리는 소리가 들린다.

음... 아래층에서 나를 찾는군요, 누군가 날 찾아 왔나보군. 금방 다녀올 테니... 기다리시오... (수염을 쓰다듬으며 서둘러 나간다.)
이리나 무슨 꿍꿍이가 있는 것 같아요.
뚜젠바흐 그래요. 의기양양한 표정으로 나가는 것이, 분명 당신에게 당장 선물을 가져올 듯한데.
이리나 정말 별로야!
올가 그래. 최악이야. 늘 바보 같은 짓만 하신다니까.
마샤 굽이진 바닷가에 초록빛 떡갈나무, 떡갈나무 위에 걸린 황금빛 사슬... 떡갈나무 위에 걸린 황금빛 사슬... (일어나 나직이 읊는다.)
올가 마샤, 오늘 기분이 안 좋구나.

마샤는 읊조리며 모자를 쓴다.

          어디 가니?
마샤   집에.
이리나   이상해...
뚜젠바흐 명명일인데 가시다니!
마샤   괜찮아요... 저녁에 다시 올 테니까. 안녕, 내 사랑하는 이리나... (이리나에게 입 맞춘다.) 아무쪼록 건강하고, 행복하기를 다시 한번 바랄게. 예전에 아버지께서 살아 계실 때는, 명명일이면 항상 삼사십 명이나 되는 장교들이 와서 시끌벅적했는데, 오늘은 사람이 별로 없어서 썰렁해. 사막에 있는 것처럼... 나 갈래... 나 오늘 울적해. 즐겁지도 않고, 그러니까 내 말에 신경쓰지 마. (눈물을 글썽이며 웃음 짓는다.) 나중에 이야기해. 잠깐 안녕, 어여쁜 이리나, 어디든 좀 가야겠어.
이리나   (불만에 가득차서) 언니는 정말...
올가   (눈물을 글썽이며) 나는 이해해, 마샤.
솔료느이 남자가 심각한 이야기를 하면 철학이 되거나 궤변이 되겠지만 여자 한두 명이 심각한 이야기를 하면 그건 쓸데없는 수다가 되지요.
마샤   무슨 얘기를 하고 싶은 거죠, 무시무시한 양반?
솔료느이 아무것도 아니에요. 으악 하고 소리 지를 새도 없이 곰은 이미 그에게 달려들었지요.

사이.

마샤 (올가에게, 화난 채로) 울지 마!

안피사와 함께 페라뽄뜨가 케이크를 가지고 들어온다.

안피사 이쪽으로, 영감님. 신발이 깨끗하니 들어오세요. (이리나에게) 지방 의회에서 미하일 이바느이치 쁘로또뽀뽀프 씨가 보내셨대요. 파이예요.
이리나 고마워요. 감사하다고 전해 줘요. (파이를 받는다.)
페라뽄뜨 뭐라고요?
이리나 (더 크게) 감사하다고 전해달라고요!
올가 유모, 페라뽄뜨 씨에게 파이를 좀 줘요. 페라뽄뜨 씨, 가 봐요, 저쪽에 가면 파이를 좀 줄 거예요.
페라뽄뜨 뭐라고요?
안피사 갑시다, 페라뽄뜨 스뻬리도느이치 씨. 가요... (페라뽄뜨와 함께 나간다.)
마샤 나는 쁘로또뽀뽀프가 싫어. 미하일 뽀따쁘이치인지 이바느이치인지, 그 사람은 초대하면 안 돼.
이리나 초대한 적 없어.
마샤 그래 잘했어.

체부뜨이낀이 들어오고 그 뒤로 은제 사모바르를 든 군인이 따라 들어온다.

놀람과 불만에 찬 웅성거림.

올가 (손으로 얼굴을 가리며) 사모바르라니! 아 정말! (홀에 있는 식탁 쪽으로 간다.)
이리나 이반 로마느이치 아저씨, 도대체 어떻게 이런 걸!
뚜젠바흐 (웃으면서) 내가 뭐랬어요.
마샤 이반 로마느이치 아저씨, 정말 창피를 모르시는군요!
체부뜨이낀 사랑스러운 우리 아가씨들, 당신들은 나에게 이 세상의 유일한, 가장 소중한 사람들이에요. 내 나이 곧 예순이요, 고독하고 보잘것없는 노인이란 말이오... 당신들을 사랑하는 것 말고는 좋을 게 하나도 없어. 아가씨들이 아니었다면 난 이미 이 세상에 살고 있지 않을 게야... (이리나에게) 내 귀여운 아가씨, 나는 아가씨가 태어난 그 날부터 아가씨를 알고 있지요... 이 팔로 안고 다녔지... 난 돌아가신 어머니를 좋아했었지...
이리나 그렇지만 뭐 하러 이렇게 비싼 선물을!
체부뜨이낀 (눈물을 글썽이며, 화난 채로) 비싼 선물이라니... 전혀 그렇지 않아! (병사에게) 사모바르를 저기 가져다 놔... (빈정거리며) 비싼 선물이라니...

병사는 사모바르를 홀로 가져간다.

생각해 볼 문제

- 이리나의 독백을 통해 무엇을 알 수 있습니까? "돛단배를 타고 있다"는 말은 무슨 의미입니까?
- 체부뜨이낀은 자매들을 어떻게 생각하고 있나요?
- 체부뜨이낀이 가져온 선물은 무엇입니까?
- 마샤의 기분은 어떻습니까? (마샤는 이리나의 명명일인데도 기분이 좋지 않습니다. 그녀는 어떤 문제에 몰두하고 있는 것 같습니다.)
- 마샤는 왜 가기로 하였습니까?

***

뚜젠바흐   베르쉬닌 중령이 온 것 같아.

베르쉬닌 중령이 들어온다.

베르쉬닌 중령님!
베르쉬닌   (마샤와 이리나에게) 뵙게 되어 영광입니다, 베르쉬닌입니다. 마침내 댁을 방문하게 되어 매우, 매우 기쁩니다. 정말 몰라보게 달라지셨군요! 우와, 정말!
이리나   앉으세요. 저희도 무척 반가워요.
베르쉬닌   (쾌활하게) 정말 기뻐요, 정말 기쁘군요! 그런데 아가씨들은 세 자매였던 것 같은데. 제 기억으로는 꼬마 아가씨가 셋이었는데. 얼굴은 기억나지 않지만, 아버지이신 쁘로조로프 대령님께는 세 명의 어린 따님이 있었던 것으로 분명히 기억합니다. 이 눈으로 직접 보았거든요. 세월이 참 빠르군요! 아, 세월이 참 빨라요!
뚜젠바흐   알렉산드르 이그나찌예비치 중령님은 모스끄바에서 오셨습니다.
이리나   모스끄바요? 모스끄바에서 오셨어요?
베르쉬닌   네, 거기서 왔죠. 아버님께서 모스끄바에서 포병 대대장으로 계실 때 저는 같은 부대의 장교였죠. (마샤에게) 당신의 얼굴은 조금 기억나는 것 같군요.

| 마샤 | 저는 기억이 안 나요! |
| 이리나 | 올랴 언니! 올랴 언니! (홀을 향해 소리친다.) 언니, 이리 와 봐! |

올가가 홀에서 응접실로 들어온다.

베르쉬닌 중령님이 모스끄바에서 오셨대.

베르쉬닌	당신이, 그러니까, 올가 세르게예브나, 큰 따님이시군요... 그리고 당신이 마리야... 그리고 이리나, 막내 따님이시고요...
올가	모스끄바에서 오셨다고요?
베르쉬닌	네, 모스끄바에서 공부했고, 모스끄바에서 임관하여 거기서 오래 근무했습니다. 그러다 이곳 포병대대를 맡게 되어서 보시다시피 이곳에 오게 되었습니다. 제가 여러분을 잘 기억하지는 못하지만 세 자매였다는 사실만은 기억합니다. 저는 여러분의 아버님에 대한 기억을 고이 간직하고 있습니다. 이렇게 눈을 감으면 마치 살아계신 것처럼 보여요. 모스끄바에 계실 때 댁에 자주 들르곤 했습니다...
올가	전 모든 분을 다 기억한다고 생각했는데, 이렇게 갑자기...
베르쉬닌	제 이름은 알렉산드르 이그나찌예비치입니다.
이리나	알렉산드르 이그나찌예비치 중령님, 모스끄바에서 오셨

올가	다니... 정말 뜻밖이에요!
올가	저희도 거기로 이사하려고 해요.
이리나	아마 가을이면 벌써 거기 있을 거예요. 우리의 고향, 저희는 거기서 태어났어요... 구(舊) 바스만나야 거리요...

두 사람은 기뻐하며 웃는다.

마샤 뜻밖에 고향사람을 만나다니. (활기를 띠며) 이제 기억났어! 기억 안 나, 올가 언니? 우리가 '사랑에 빠진 소령님'이라고 불렀잖아. 중령님은 그때 중위였는데 누군가를 사랑하고 계셨어요. 그리고 다들 중령님을 괜히 소령님이라고 놀렸죠...

베르쉬닌 (웃으며) 맞아요, 맞아... 사랑에 빠진 소령, 그랬죠...

마샤 그때는 콧수염만 있었는데... 아, 이렇게 나이가 드시다니! (눈물을 글썽이며) 이렇게 나이가 드시다니!

베르쉬닌 맞아요, 사랑에 빠진 소령으로 불릴 때는 저도 젊었고, 사랑에 빠져 있었죠. 지금은 아니지만.

올가 하지만 아직 흰머리 하나 없으신데요. 나이를 드시긴 했지만 아직 늙은 건 아니에요.

베르쉬닌 그렇지만 제 나이가 벌써 마흔 셋입니다. 모스끄바를 떠난 지는 오래되셨나요?

이리나 11년 됐어요. 아니, 왜 그래, 마샤 언니, 왜 우는 거야, 바보같이... (눈물을 글썽이며) 나도 눈물나게...

마샤	아무것도 아니야. 중령님은 어느 거리에 사셨어요?
베르쉬닌	구(舊) 바스만나야 거리요...
올가	우리도 거기서...
베르쉬닌	얼마 동안은 네메쯔까야 거리에서도 살았죠. 거기서부터 끄라스느이예 까자르미까지 걸어다녔죠. 가는 길에 음침한 다리가 하나 있었는데, 그 다리 밑으로 물이 세차게 흘렀지요. 혼자 있노라면 울적해지곤 했어요.

사이.

그런데 이곳에는 이렇게 넓고 큰 강이 있군요! 멋진 강이에요!

올가	맞아요, 하지만 추워요. 여긴 춥고 모기들이...
베르쉬닌	무슨 말씀을요! 이곳의 기후는 건강하고 좋은 슬라브성 기후예요. 숲, 강... 게다가 여기엔 자작나무도 있잖아요. 사랑스럽고 소박한 자작나무. 나는 나무 중에서 자작나무를 가장 좋아합니다. 여긴 살기 좋아요. 단지 기차역이 20베르스따[약 21.2킬로미터]나 떨어져 있다는 게 이상하지만... 아무도 그 이유를 모르더군요.
솔료느이	왜 그런지 제가 알죠.

모두 그를 바라본다.

왜냐하면, 기차역이 가까우면 멀지 않다는 뜻이고, 역이 멀다면 가깝지 않다는 뜻이기 때문이죠.

어색한 침묵

뚜젠바흐 바실리 바실리예비치 대위는 말장난꾼이라니까.
올가 저도 이제 중령님이 기억나네요. 기억나요.
베르쉬닌 나는 여러분의 어머님도 알아요.
체부뜨이낀 좋은 분이셨지, 천국에서 편히 쉬시기를.
이리나 어머니는 모스끄바에 묻히셨어요.
올가 노보제비치 수도원에요.
마샤 놀랍게도 벌써 엄마의 얼굴이 가물가물해지기 시작했어요. 사람들도 이렇게 우리를 기억하지 않겠죠. 잊겠지요.
베르쉬닌 그래요, 잊을 겁니다. 그것이 우리의 운명이니 어쩔 수 없지요. 심각하고, 의미있게, 매우 중요하게 여기던 것들이 시간이 지나면서 잊혀지고 하찮게 여겨지겠지요.

사이.

재미있는 건, 사실 무엇이 고귀하고 중요한 것이 될지 또는 보잘것없고 우스꽝스러운 것이 될지 지금으로서는 전혀 알 수가 없다는 겁니다. 이를테면 코페르니쿠스나 콜롬버스의 발견도 처음에는 쓸모없고 우스꽝스럽지 않았습니까? 반대로 어떤 괴짜가 써 놓은 헛소리가 진리인 것처럼 보이기도 하지 않았습니까? 그러니 이렇게 순응하고 사는 지금의 우리 생활도 나중에는 이상하고, 불편하고, 어리석고 불결한 것으로, 심지어 죄스러운 것으로 보일지도 모릅니다...

뚜젠바흐 누가 알겠소. 어쩌면 사람들이 우리의 삶이 고귀했다고 말하면서 존경하는 마음으로 기억해 줄지도 모르지요. 지금은 고문도, 사형도, 침략도 없지만, 동시에 수많은 고민이 존재하잖소!

솔료느이 (가느다란 목소리로) 쯧, 쯧, 쯧... 남작에게는 죽도 주지 말고 철학이나 하게 해주면 되겠군요.

뚜젠바흐 바실리 바실리예비치, 날 좀 가만히 내버려 두시게... (다른 자리에 앉는다.) 결국 따분해져 버렸군.

솔료느이 (가느다란 목소리로) 쯧, 쯧, 쯧...

뚜젠바흐 (베르쉬닌에게) 지금 나타나는 고민들은 정말 많지만 이것들은 어쨌든 우리 사회가 이루어 낸 그 어떤 도덕적 상승을 말해 주고 있지요...

베르쉬닌 네, 네, 물론이죠.

체부뜨이낀 남작, 방금 당신이 사람들이 우리 삶을 고귀하다고 말할 거라 했지만 인간은 그래봐야 미천하거든... (일어선다.) 보시게나, 내가 얼마나 미천한지. 그저 자기 위안 삼아 내 삶이 고귀하고 납득할 수 있는 것이라고 말할 수밖에.

무대 뒤에서 바이올린 소리.

마샤 안드레이 오빠가 연주하는 거예요, 저희 오빠요.

이리나 오빠는 학자예요. 분명히 대학 교수가 될 거예요. 아버지는 군인이셨지만 아들은 학자의 길을 택했지요.

마샤 아버지께서 원하셨죠.

올가 오늘 우리가 오빠를 좀 놀려줬어요. 오빠가 아무래도 살짝 사랑에 빠진 것 같거든요.

이리나 이 고장 출신 아가씨요. 오늘 그 아가씨가 우리 집에 올 거예요, 틀림없이.

마샤 아, 그 여자 옷 입는 꼴이란! 예쁘지 않다거나, 유행에 뒤떨어지는 게 아니라 안쓰러울 정도예요. 촌스러운 술 장식이 달린 괴상하고 샛노란 치마에 새빨간 블라우스라니. 볼은 꼭 박박 문질러 놓은 것 같아, 박박! 오빠는 사랑에 빠진 게 아냐, 난 이해할 수 없어. 오빠도 취향이란 게 있는데. 그냥 우리를 약올리려고 장난치는 거예요. 어제 들었는데, 그 여자는 여기 지방자치회 의장인 쁘로또뽀뽀프 씨에게 시집간대요. 잘됐죠... (옆문을 향해) 안드레이 오빠, 이리 좀 와 봐, 잠깐만!

안드레이가 들어온다.

올가 이쪽은 저희 오빠 안드레이 세르게이치예요.

베르쉬닌	베르쉬닌입니다.
안드레이	쁘로조로프입니다. (땀에 젖은 얼굴을 닦는다.) 이곳 포병 중대장으로 오셨습니까?
올가	놀랍지, 알렉산드르 이그나찌예비치 씨는 모스끄바에서 오셨대.
안드레이	그래요? 축하드립니다. 이제 제 누이들이 중령님을 가만히 놔두지 않을 겁니다.
베르쉬닌	제가 이미 누이분들을 귀찮게 하고 있습니다.
이리나	이것 좀 보세요, 안드레이 오빠가 저에게 이 초상화 액자를 선물했어요! (액자를 보여준다.) 오빠가 직접 만들었어요.
베르쉬닌	(액자를 보고 무슨 말을 해야 할지 몰라 하며) 네... 좋군요...
이리나	피아노 위에 있는 저 액자도 오빠가 만든 거예요.

안드레이는 손을 내저으며 나가려고 한다.

올가	오빠는 학자이면서 바이올린도 연주하고 여러 가지를 만들어 내요. 한마디로 다재다능하죠. 오빠, 가지 마! 늘 저래요. 항상 도망가죠. 이리 와!

마샤와 이리나가 안드레이의 팔을 잡고 웃으면서 다시 데려온다.

마샤 이리 와, 이리 와!

안드레이 내버려 둬, 제발.

마샤 재미있잖아! 알렉산드르 이그나찌예비치 중령님은 사랑에 빠진 소령님이라고 불러도 한 번도 화를 안 내셨다고.

베르쉬닌 한 번도!

마샤 그럼 난 오빠를 사랑에 빠진 바이올리니스트라고 부르겠어!

이리나 아니면 사랑에 빠진 교수님?

올가 사랑에 빠졌어! 안드류샤가 사랑에 빠졌어!

이리나 (손뼉을 치며) 브라보, 브라보! 앙코르! 안드류쉬까는 사랑에 빠졌대요!

체부뜨이낀 (안드레이의 뒤로 다가가 두 팔로 그의 허리를 안는다.) 자연은 오직 사랑을 위하여 우리를 창조했노라! (크게 웃는다. 그는 줄곧 신문을 들고 있다.)

안드레이 자, 됐어요, 됐어... (얼굴을 닦는다.) 밤새 한숨도 못 자서 지금은 약간 몽롱하군요. 새벽 네 시까지 책을 읽다가 누웠는데도 아무 소용없었어요. 이런저런 생각을 하다 보니 새벽이 오고 햇살이 침실로 들어오더군요. 여기서 여름을 지내는 동안 영어책을 한번 번역해 보고 싶은데.

베르쉬닌 영어를 읽으시는군요?

안드레이 네, 아버지는 -천국에서 평안하시기를- 교육에 있어서 저희에게 강압적이셨죠. 우습고 바보 같은 일이지만, 고백하자면, 아버지께서 돌아가시고 나서 살이 찌기 시작하더니 1년 만에 이렇게 풍풍해졌어요. 마치 억압에서 벗어나기라도 한 것처럼 말이죠. 아버지 덕분에 저와 저희 누이들은 프랑스어, 독일어, 영어를 할 줄 알고, 이리나는 이탈리아어까지 하죠. 쓸데없는 짓이었죠!

마샤 이런 도시에서 세 가지 언어를 안다는 건 불필요한 사치예요. 사치도 아니에요. 무용지물이죠. 여섯 번째 손가락처럼요. 우리는 쓸데없는 걸 많이 알고 있어요.

베르쉬닌 저런! (웃는다.) 쓸데없는 걸 알고 있다니요! 지적이고 교양 있는 사람이 필요 없는 그런 따분하고 우울한 도시는 없을 걸요. 이 도시의 주민 10만 명 가운데, 그러니까 조금 부족하고 거친 사람들 가운데, 당신 같은 사람이 딱 세 사람 있다고 칩시다. 물론, 당신들은 당신 주변에 있는 몽매한 대중을 이길 수 없을 겁니다. 살면서 차츰차츰 굴복하고 대중 속으로 사라지게 되고 삶이 여러분을 압도할 겁니다. 그렇다고 해서 당신들이 그냥 사라지는 것도 아니고 어떠한 영향을 남기지 않는 것도 아닙니다. 여러분 같은 사람들이 이후에 아마도 6명, 그 다음에 12명, 그리고 또 나타나고, 결국엔 여러분 같은 사람이 대다수가 될 겁니다. 200년, 300년 후에는 이 땅의 삶은 상상할 수 없을 만큼 아름답고 경이로워지겠지요. 인간에게는 그런 삶이 필요합니다. 그런 삶이 아직 없다 해도 인간은 그것을 예감하고 기다리고 꿈꾸며 준비해야 합니다. 그러기 위해서 인간은 그의 할아버지와 아버지가 보고, 알았던 것보다 더 많은 것을 보고 또 알아야 하는 겁니다. (웃는다.) 그런데 여러분은 쓸데없는 것을 많이 알고 있다고 불평하는군요.

마샤 (모자를 벗는다.) 여기서 아침 먹을래.

이리나 (한숨을 쉬면서) 맞아요, 이걸 모두 적어 두어야 하는데…

안드레이가 보이지 않는다. 그는 아무도 모르게 나갔다.

뚜젠바흐 수년이 흐른 뒤 이 땅의 삶이 아름답고 경이로워질 거라고 말씀하시는군요. 옳은 말씀이십니다. 그러나 지금 멀리서라도 그런 삶에 동참하기 위해서는 준비를 해야 합니다. 일을 해야 해요.

베르쉬닌 (일어난다.) 맞습니다. 그런데 이 집에 꽃이 정말 많네요! (둘러보며) 멋진 집입니다. 부럽군요! 전 평생 달랑 의자 두 개와 소파 한 개, 그리고 연기가 나는 뻬치까가 달린 집만 전전했지요. 제 인생엔 바로 이런 꽃들이 부족했어요… (두 손을 비빈다.) 에이, 쓸데없는 소리군요!

뚜젠바흐 그렇습니다, 일을 해야 합니다. 아마도 당신은 독일 사람이 너무 감성적이라 생각하실 테지요. 그렇지만 저는, 솔직히 말씀드리자면, 러시아 사람입니다. 독일어는 할 줄도 몰라요. 저희 아버지도 정교도시죠…

사이.

베르쉬닌 (무대 위를 걸어다닌다.) 나는 자주 이런 생각을 해요. 인생을 다시 시작할 수 있으면 어떨까? 인생에 대해 다 아는 상태에서 말이죠. 이미 살아 버린 인생이, 이를테면, 초안이었다면, 다른 인생은 최종본인 거죠! 그러면 우리 모두가, 제 생각에 말이죠, 무엇보다도 예전의 자신을 되풀이하지 않으려고 노력하겠지요. 적어도 자신을 위해서 다른 삶의 분위기를 형성하고, 꽃과 빛이 가득한 이런 집을 꾸미겠죠… 저에게는 아내와 두 딸아이가 있고, 아내는 건강이 좋지 않아요. 그리고 또 이것저것, 기타 등등. 뭐, 인생을 다시 시작할 수 있다면, 나는 결혼하지 않을 겁니다… 절대, 절대로!

꿀르이긴이 교사복을 입고 들어온다.

꿀르이긴 (이리나에게 다가간다.) 사랑하는 처제, 명명일을 축하하고 처제의 건강과 처제 또래의 아가씨들이 바라는 모든 것이 이루어지기를 진심으로, 마음을 다해 바랄게. 그리고 처제 선물로 이 책을 가져왔어. (책을 준다.) 우리 김나지움의 50년 역사야, 내가 썼어. 할 일이 없어서 쓴 별 볼 일 없는 책이지만 그래도 한번 읽어 봐. 안녕하십니까, 여러분! (베르쉬닌에게) 이곳 김나지움 교사 꿀르이긴입니다. 7등 문관이지요. (이리나에게) 이 책에서 지난 50년간 우리 김나지움을 졸업한 모든 사람의 명단을 찾을 수 있어. Feci, quod potui, faciant meliora potentes(내가 할 수 있는 일은 다 했으니, 누군가 할 수 있다면 더 잘하게 하라). (마샤에게 입 맞춘다.)

이리나 하지만 부활절에 이미 이 책을 주셨는걸요.

꿀르이긴 (웃는다.) 그럴 리가! 그렇다면 다시 돌려 주든가, 아니면 중령님께 드리는 게 낫겠어. 받으세요, 중령님. 심심하실 때 읽어 보세요.

베르쉬닌 고맙습니다. (나갈 채비를 한다.) 만나 뵙게 되어 참으로 기쁩니다...

올가 가시려고요? 안 돼요, 안 돼요!

이리나 저희 집에서 아침식사 하세요. 제발.

올가 부탁이에요!

베르쉬닌 (고개를 숙여 인사한다.) 어쩌다 보니 제가 명명일 파티에 끼어들었군요. 미안합니다, 미리 알지 못해서, 축하도 못 드리고... (올가와 함께 홀로 나간다.)

생각해 볼 문제

- 어떤 새로운 인물이 등장하였습니까? 뚜젠바흐는 그 인물에 관하여 어떤 말을 했습니까?
- 베르쉬닌의 독백을 통하여 이 인물에 관하여 무엇을 알 수 있었습니까?
- 베르쉬닌은 결혼에 관하여 어떻게 생각합니까?
- 베르쉬닌의 대사에 따르면 이삼백 년 후의 삶은 어떻겠습니까?
- 베르쉬닌은 이 도시와 쁘로조로프 가족의 집을 좋아합니까? 세 자매는 어떻습니까? 그 이유는 무엇입니까?
- 세 자매가 안드레이를 놀린 이유가 무엇입니까?
- 마샤는 안드레이가 사랑하는 여자에 대해 어떻게 생각합니까?
- 세 자매는 어떤 교육을 받았습니까?
- 마샤는 왜 남아 있기로 결정하였습니까?

***

꿀르이긴 여러분, 오늘은 일요일, 쉬는 날이니 각자 나이와 신분에 걸맞게 쉬면서 즐겁게 보냅시다. 여름이 오면 카페트를 정리해서 겨울이 올 때까지 넣어 두어야겠네요... 방충제나 나프탈렌과 함께... 로마인들은 건강했어요. 그 사람들은 일할 줄도 알았지만 쉴 줄도 알았기 때문이죠. 그들에게는 Mens sana in corpore sano(건강한 신체에 건강한 정신)가 있었던 겁니다. 그들의 삶은 일정한 형식에 맞춰 흘러갔습니다. 우리 교장 선생님께서는 인생에서 중요한 것이 삶의 형식이라고 말씀하시죠. 형식을 잃게 되면 그걸로 끝나는 거지요. 우리의 일상도 마찬가지입니다. (웃으며 마샤의 허리를 앉는다.) 마샤는 나를 사랑하지요. 내 아내는 나를 사랑해요. 아, 창문의 커튼도 카페트와 함께 저쪽으로... 오늘 즐겁네요. 기분이 최고입니다. 마샤, 우리 오늘 네 시에 교장 선생님께 가야 해요. 교사와 교사 가족들이 산책을 가기로 했거든.

마샤 안 갈래요 나는.

꿀르이긴 (실망해서) 우리 마샤, 왜 그래?

마샤 나중에 이야기해요... (화가 나서) 알겠어요, 갈게요, 좀 내버려 둬요, 제발. (떨어진다.)

꿀르이긴 아 그리고 교장 선생님 댁에서 저녁 시간을 보낼 거야. 교장 선생님은 본인 건강이 좋지 않아도 무엇보다 사람들과 어울리려고 노력하시지. 고상하고 밝은 분이야. 훌륭한 분이시지. 어제 회의가 끝나고 내게 말씀하셨어. "피곤하군, 표도르 일리치! 피곤해!"(벽시계를 보고 나서 자기 시계를 본다.) 이 집 시계가 7분이나 빨리 가네. 아무튼, 그분이 그렇게 말씀하셨어, 피곤하다고.

무대 뒤에서 바이올린 소리가 들린다.

올가 여러분, 이쪽으로 오셔서 식사하세요! 파이가 준비됐어요!

꿀르이긴 아, 우리 올가, 사랑스러운 처형! 어제는 아침부터 밤 11시까지 일하느라 피곤했지만 오늘은 행복해요. (홀에 있는 식탁으로 간다.) 우리 올가...

체부뜨이낀 (신문을 주머니에 넣고 수염을 쓰다듬는다.) 파이? 근사한데!

마샤 (체부뜨이낀에게 단호하게) 보기만 하세요, 오늘은 절대 술 드시면 안 돼요. 아시겠죠? 술은 몸에 안 좋아요.

체부뜨이낀 에이! 이제 괜찮아. 2년 동안 취한 적 없다고. (재촉하며) 에이, 마나님, 아무렴 어때!

마샤 어쨌든 술 드시지 마세요. 안 돼요. (화를 내면서, 그러나 남편이 듣지 못하게) 짜증나, 또 교장 집에서 저녁 내내 지루하게 보내야 하다니!

뚜젠바흐 내가 당신이라면 안 가겠어요. 아주 간단한 일이잖아요.

체부뜨이낀 가지 말아요, 우리 아가씨.

마샤 그래요, 안 가야겠죠... 지긋지긋한 인생이야, 참을 수가 없어... (홀 쪽으로 간다.)

체부뜨이낀 (마샤의 뒤를 따라가며) 그렇지, 그래!

솔료느이 (홀로 들어가며) 쯧, 쯧, 쯧...

뚜젠바흐 그만하시죠, 바실리 바실리이치! 그만!

솔료느이 쯧, 쯧, 쯧...

꿀르이긴 (유쾌하게) 중령님의 건강을 위하여! 저는 교사이고 여기 이 집에서는 가족입니다. 마샤의 남편이죠... 마샤는 좋은, 아주 좋은 여자입니다...

베르쉬닌 저는 이 갈색 보드까를 마시겠습니다. (마신다.) 당신의 건강을 위하여! (올가에게) 여러분과 있으니 기분이 정말 좋군요!..

응접실에는 이리나와 뚜젠바흐만 남아 있다.

이리나 마샤 언니는 오늘 기분이 안 좋은가 봐요. 언니는 열여덟에 시집을 갔는데, 그때는 형부가 세상에서 가장 똑똑한 사람으로 보였나 봐요. 그런데 지금은 아닌가 봐요. 형부는 제일 착한 사람이지만 제일 똑똑한 사람은 아니거든요.

올가 (재촉하며) 안드레이 오빠, 와 봐 좀!

안드레이 (무대 뒤에서) 지금 가. (들어와 식탁으로 간다.)

뚜젠바흐 무슨 생각하세요?

이리나 그냥요. 저는 솔료느이 씨가 싫고 무서워요. 바보 같은 소리나 하고...

뚜젠바흐 별난 사람이죠. 그 사람이 딱하기도 하고 짜증나기도 하지만 딱한 마음이 더 커요. 제가 보기엔 내성적인 사람인 것 같아요. 둘이 있을 때는 굉장히 현명하고 상냥한데, 여러 사람들 하고 있으면 거칠어요, 싸움꾼처럼. 사람들이 식탁에 자리 잡을 동안 가지 말고 있어요. 잠깐 옆에 있게 해 주세요. 무슨 생각하세요?

사이.

당신은 스무 살이고 난 아직 서른이 안 되었어요. 우리 앞에는 긴 세월이 남아 있어요. 당신에 대한 나의 사랑으로 가득 찬 기나긴 세월이...

이리나 니꼴라이 르보비치씨, 제게 사랑 얘기는 하지 마세요.

뚜젠바흐 (들으려 하지 않고) 나는 삶과, 투쟁과, 노동에 대한 강렬한 열망이 있어요, 그리고 이 열망은 내 영혼 속에서 당신을 향한 사랑과 하나가 되고 있어요. 이리나, 당신이 이토록 아름다우니 그 덕분에 삶도 이렇게 아름답게 보이는군요! 무슨 생각해요?

이리나 인생이 아름답다고 말씀하시네요. 그렇군요, 그런데 그렇게 보이는 것뿐이라면요! 우리 세 자매에게 인생은 아름답지 않았어요. 인생은 잡초처럼 우리를 시들게 했죠... 눈물이 나네. 이러면 안 되지... (재빨리 얼굴을 닦고 미소 짓는다) 일을 해야 해요, 일을. 우리가 우울하고 인생을 절망적으로 보는 이유는 다 노동을 모르기 때문이에요. 우리는 노동을 업신여겼던 사람들로부터 태어났어요...

나딸리야 이바노브나가 들어온다. 분홍색 드레스에 초록색 허리띠를 매고 있다.

나따샤 이미 식사 중이셨군요. 제가 늦었네요... (거울을 살짝 보며 옷매무새를 고친다.) 머리는 괜찮은 것 같고. (이리나를 보고) 이리나 세르게예브나, 축하해요! (강하고 긴 입맞춤을 한다.) 손님들이 많이 오셨네요, 정말 부끄럽네요... 안녕하세요, 남작님!

올가 (응접실로 들어오며) 어머, 나딸리야 이바노브나 씨가 오셨네. 안녕하세요!

입 맞춘다.

나따샤 축하드려요. 손님들이 많으셔서 무척 쑥스럽네요...
올가 괜찮아요. 모두 가까운 사람들이에요. (목소리를 낮추어 놀란 듯이) 초록색 띠를 매셨네요! 나딸리야, 이건 좀 그렇네요!

나따샤	미신 같은 게 있나요?
올가	아니요, 그냥 안 어울려요... 그냥 좀 이상해요.
나따샤	(울먹이는 목소리로) 그래요? 하지만 이건 초록색이 아니라 그보다는 좀 연한데요. (올가 뒤를 따라 홀로 간다.)

홀에는 사람들이 앉아 식사를 하고 있다. 응접실에는 아무도 없다.

꿀르이긴	이리나, 좋은 신랑감 만나길 바랄게. 시집갈 때가 되었잖아.
체부뜨이낀	나딸리야 이바노브나, 그쪽도 좋은 신랑감 만나시기를.
꿀르이긴	나딸리야 이바노브나 씨께는 이미 신랑될 사람이 있어요.
마샤	(포크로 접시를 두드린다.) 포도주 한잔 마셔 봅시다! 에휴, 이리도 달콤한 인생, 어떻게든 되겠지!
꿀르이긴	당신 품행은 3마이너스야.
베르쉬닌	이 과실주가 맛있군요. 무엇으로 담그셨나요?
솔로느이	바퀴벌레로.
이리나	(울먹이는 목소리로) 웩! 웩! 역겨워요!
올가	저녁에는 칠면조 구이와 달콤한 사과파이가 나올 거예요. 다행히도 제가 오늘은 오후 내내 집에 있을 거예요, 저녁에도 집에 있겠네요... 여러분, 저녁에도 오세요...
베르쉬닌	저도 저녁에 와도 되겠습니까?
이리나	물론이지요.
나따샤	이 댁은 서로 격의없이 지내요.

체부뜨이낀 자연은 오직 사랑을 위하여 우리를 창조했노라! (웃는다.)

안드레이 (화가 나서) 그만 하세요, 여러분! 지겹지도 않습니까.

페도찌끄와 로데가 커다란 꽃바구니를 들고 들어온다.

페도찌끄 그런데 이미 식사를 하고 계시군.

로데 (큰 목소리로, 분명치 않은 발음으로) 식사? 그렇군, 이미 식사를 하고 있군...

페도찌끄 잠깐만 기다려요! (사진을 찍는다.) 하나! 조금만 더 기다려요... (또 한 장 찍는다.) 둘! 이제 됐어요!

바구니를 들고 홀로 간다. 이들을 소란스럽게 맞이한다.

로데 (큰 목소리로) 축하합니다. 모든 좋은 일이 다 생기기를 바랍니다! 오늘 날씨가 진짜 좋네요. 눈부실 지경입니다. 오늘 오전 내내 학생들과 산책을 했지요. 저는 김나지움에서 체육을 가르치고 있거든요.

마샤 굽이진 바닷가에 초록빛 떡갈나무, 떡갈나무 위에 걸린 황금빛 사슬... 떡갈나무 위에 걸린 황금빛 사슬... (울먹이며) 아니, 내가 왜 이 말을 하지? 아침부터 이 구절이 머릿속에서 떠나질 않네...

꿀르이긴 식탁에 열세 명이 앉아 있군!

로데 (큰 목소리로) 여러분, 설마 그런 미신에 의미를 두시는 건 아니죠?

웃음.

꿀르이긴 식탁에 열세 명이 앉아 있으면 그건 그중에 사랑에 빠진 사람들이 있다는 뜻이지요. 이반 로마노비치, 혹시?

웃음.

체부뜨이낀 내가 늙은 죄인인 건 맞지만 여기 나딸리야 이바노브나는 왜 당황하는지 정말 알 수가 없네.

요란한 웃음 소리. 나따샤가 홀에서 뛰쳐나와 응접실로 간다. 안드레이가 그 뒤를 따라 나간다.

안드레이 괜찮아요, 신경쓰지 말아요! 잠깐... 서 봐요, 부탁이에요...
나따샤 부끄러워서요... 뭘 어째야 할지 모르겠고, 그런데 저 사람들은 저를 웃음거리로 만들고 있잖아요. 지금 자리에서 나와 버리는 건 예의가 아니지만 어쩔 수가 없어요, 어쩔 수가... (두 손으로 얼굴을 감싼다.)
안드레이 나의 소중한 나따샤, 부탁이에요. 제발, 진정해요. 장담

컨대, 저들은 농담하는 겁니다. 악의는 없어요. 나의 소중한 나따샤, 나의 사랑. 다들 착하고 따뜻한 사람들이에요. 나와 당신을 좋아하고요. 여기 창가로 와요. 여기 있으면 우리가 안 보일 겁니다. (주위를 둘러본다.)

나따샤 저는 사람들 사이에 있는 게 익숙하지 않아요!..
안드레이 오, 젊음이여. 기적같이 아름다운 젊음이여! 내 소중한, 나의 사랑 나따샤, 그렇게 걱정 말아요!.. 나를 믿어요, 믿어 줘요... 기분이 너무 좋아요. 내 마음은 사랑과 환희로 가득해요... 아, 우리가 안 보일 거야, 안 보인다니까요! 어떻게, 내가 어떻게 당신을 사랑하게 되었는지, 그리고 언제 사랑하게 되었는지, 오, 아무것도 모르겠어요. 내 소중한 사랑, 순결한 나따샤, 내 아내가 되어 줘요! 당신을 사랑해요, 사랑해요... 그 누구보다, 그 어느 때보다...

입맞춤.

장교 두 명이 들어오다가 입 맞추고 있는 두 사람을 보고 놀라서 멈춰 선다.

막.

생각해 볼 문제

- 이리나의 다음 대사를 어떻게 이해하였습니까? "니꼴라이 르보비치씨, 제게 사랑 얘기는 하지 마세요."
- 이렇게 이야기한 이유가 무엇입니까?
- 마샤가 기분이 좋지 않은 이유가 무엇입니까? 마샤의 남편은 마샤를 어떻게 대하고 있습니까? 마샤는 남편을 어떻게 대하고 있습니까?
- 이리나는 왜 솔료느이가 바보 같은 소리를 한다고 불평하고 있습니까? 예를 들어 이야기해 봅시다.
- 안드레이와 나따샤 사이엔 어떤 일이 일어났습니까?
- 1막에서 어떤 관용구들을 접하였습니까?
- 어떠한 인물들이 등장하였습니까? 그중에 주연은 누구입니까? 어떤 인물이 마음에 듭니까?
- 세 자매는 자신들의 삶에 만족합니까? 무엇을 바랍니까?
- 1막에서 어떤 일이 일어났는지 기술해 봅시다.

제2막

1막과 같은 무대.

저녁 8시. 무대 뒤 거리에서 아코디언 소리가 희미하게 들려온다. 불빛은 없다. 망토를 두른 나딸리야 이바노브나가 촛불을 들고 들어온다. 걸어가던 그녀는 안드레이의 방으로 통하는 문 앞에서 멈춰 선다.

나따샤 안드류샤, 뭐하고 있어요? 책 읽어요? 별일 아니에요, 전 그냥... (걸어가서 다른 방문을 열고 안을 들여다보고는 문을 닫는다.) 불이 꺼졌나 해서...

안드레이 (손에 책을 들고 들어온다.) 뭐해, 나따샤?

나따샤 불이 꺼졌는지 보고 있어요. 요즘 마슬레니짜 기간이라 하인들이 제정신이 아니거든요. 무슨 일이 생기지 않도록 살피고 또 살펴야죠. 어젯밤 한밤중에 식당을 지나가는데, 거기 촛불이 켜져 있더라고요. 누가 켜 놨는지는 아직 알아내지 못했어요. (초를 세워 놓는다.) 몇 시예요?

안드레이 (시계를 보고 나서) 8시 15분.

나따샤 올가와 이리나는 이 시간까지 집에 없네요. 아직 안 왔어요. 딱하게도 아직도 일을 하고 있나 봐요. 올가는 교무회의에, 이리나는 전신국에... (한숨 쉰다.) 오늘 아침에 내가 당신 동생한테 그랬어요. "이리나 아가씨, 자기 몸 좀 돌보세요". 그런데 듣지도 않더라고요. 8시 15분이라고 했나요? 우리 보비끄가 건강하지 않아서 걱정이에요. 걔는 왜 그렇게 몸이 차지요? 어제는 열이 나더니 오늘은 온몸이 차가워요... 정말 걱정이에요!

안드레이   괜찮아, 나따샤. 애는 건강해.

나따샤   아무래도 식이요법을 쓰는 게 좋겠어요. 걱정이에요. 오늘 9시에 가장행렬 패가 온대요. 안 오면 좋겠어요, 안드류샤.

안드레이   그래? 난 모르는 일인데. 불렀겠지.

나따샤   오늘 아침에 우리 아들이 잠에서 깨서 나를 보고는 갑자기 미소를 짓더라고요. 나를 알아본 거예요. "보비끄, 안녕! 안녕, 아가!" 했더니 아기가 웃었어요. 애들은 알아듣는 거예요, 확실히 알아들어요. 그러니까 무슨 말이냐 하면, 안드류샤, 가장행렬 패를 집에 들이지 말라는 거예요.

안드레이   (머뭇거리며) 그건 동생들이 결정하겠지. 집주인이니까.

나따샤   아가씨들도 집주인이지요. 제가 얘기할게요. 착한 사람들이니까... (걸어간다.) 저녁에 요거트를 준비하라고 말해 두었어요. 의사 선생님이 당신은 요거트만 먹어야 한대요. 안 그러면 살이 안 빠질 거래요. (멈춰선다.) 보비끄 몸이 차요. 아이 방이 추운 게 아닌가 걱정돼요. 날이 따뜻해질 때까지만이라도 보비끄를 다른 방에 두고 싶어요. 이를테면 이리나 아가씨 방이면 아이에게 딱인데, 건조하고 하루 종일 햇볕도 들고. 아가씨에게 당분간 올가 아가씨와 한방을 쓸 수 있는지 물어봐야겠어요. 어차피 낮에는 집에 없고 밤에 잠만 자니까...

사이.

안드류샨칙, 왜 아무 말도 안 해요?
안드레이 그냥, 생각 좀 하느라... 뭐 할 말도 없고...
나따샤 음... 뭔가 당신한테 할 말이 있었는데... 아, 맞다. 자치회에서 페라뽄뜨 씨가 와 있어요. 당신을 찾던데요.
안드레이 (하품한다.) 오라고 해.

나따샤가 나간다. 안드레이는 나따샤가 잊어버리고 놓고 간 촛불 쪽으로 몸을 기울이고 책을 읽는다. 페라뽄뜨가 들어온다. 낡은 외투 차림에 깃을 세워 두 귀를 가리고 있다.

어서 오게. 무슨 일인가?
페라뽄뜨 의장님이 책과 무슨 서류를 보내셨습니다. 여기... (책과 서류 봉투를 건넨다.)
안드레이 고맙군. 알겠네. 그런데 왜 이렇게 늦게 왔나? 벌써 9시나 되었는데.
페라뽄뜨 뭐라고요?

안드레이	(더 큰 소리로) 너무 늦게 왔다고, 벌써 9시지 않은가.
페라뽄뜨	그러게요. 제가 도착했을 때는 그래도 밝을 때였는데 절 들여보내 주질 않았습니다. 나으리께서 바쁘시다고 해서요. 어쩌겠습니까. 바쁘시다면 바쁘신 거죠. 저도 서둘러 갈 곳도 없고요. (안드레이가 뭔가를 묻고 있다고 생각하며) 뭐라고 하셨습니까?
안드레이	아무것도 아닐세. (책을 보면서) 내일은 금요일이라 일은 없지만 그래도 나가 봐야겠어... 일해야지. 집에선 따분하니까...

사이.

영감, 인생이 이상하게 바뀌는군. 인생이 날 기만해. 오늘은 따분하고 할 일이 없어서 이 책을 집어 들었지. 오래전 대학 강의들, 웃음이 나더군... 참 나, 내가 자치회 서기라니. 그것도 쁘로또뽀뽀프가 의장으로 있는 자치회에서, 나는 서기라고. 내가 바랄 수 있는 가장 큰 희망이 자치회 의원이 되는 거라고! 이곳 자치회 의원 말일세. 모스끄바 대학의 교수가 되고 러시아가 자랑스러워하는 저명한 학자가 되는 꿈을 매일 밤 꾸던 내가!

페라뽄뜨	무슨 말씀이신지 잘 모르겠습니다... 귀가 잘 안 들려서요...
안드레이	만약 영감 귀가 잘 들렸다면 난 아마도 영감과 이런 이야

기를 하지 않았을 거야. 누가 되었든 이야기를 하고 싶은데 아내는 날 이해 못하고, 누이들은 어쩐지 겁나. 나를 비웃고 놀릴까 봐 겁이 나... 나는 술도 안 마시니 술집도 안 좋아하고. 지금은 모스끄바에 있는 쩨스또프나 볼쇼이 모스꼽스끼 같은 레스토랑에 갈 수 있다면 정말 좋을 텐데.

페라뽄드 얼마 전 자치회에서 어떤 하청업자가 말해줬는데, 모스끄바에서 어떤 상인들이 블린을 먹었는데 그중 한 사람이 블린 마흔 개를 먹고 죽었답니다. 마흔 개가 아니라 쉰 개던가. 잘 기억이 안 나네요.

안드레이 모스끄바에서, 레스토랑의 넓은 홀에 앉아 있으면 내가 아는 사람도 없고 나를 아는 사람도 없지. 그러면서도 낯설지가 않을 텐데. 여기는 모두가 아는 사람이고 모두가 나를 알지만, 그런데도 낯설어... 낯설어... 낯설고 외로워.

페라뽄드 뭐라고요?

사이.

그 하청업자가 얘기하기를, 거짓말일 수도 있지만, 전체 모스끄바를 가로질러 밧줄이 놓여 있대요.

안드레이 무엇 때문에?
페라뽄드 저야 모르지요. 하청 업자가 얘기했어요.

안드레이   말도 안 되는 소리. (책을 읽는다.) 모스끄바에 가 본 적 있나?

페라뽄뜨   (뜸을 들인 뒤) 못 가봤지요. 그런 행운은 없었죠.

사이.

가 봐도 될까요?

안드레이   가도 되네. 잘 가게.

페라뽄뜨가 나간다.

잘 가게. (책을 읽으며) 내일 아침에 와서 이 서류를 가져가게... 가 보게나...

벨소리

일이 많군... (기지개를 켜고 천천히 자기 방으로 간다.)

생각해 볼 문제

- 안드레이와 나따샤의 관계는 어떻게 바뀌었습니까?
- 나따샤는 무엇을 원합니까? 나따샤는 진심으로 이리나를 걱정하고 있습니까? (나따샤의 전략을 봅시다. 나따샤는 먼저 좋은 일을 이야기하고 그 이후에 좋지 않은 것, 진짜 목적을 이야기합니다.)
- 안드레이의 독백을 통해 그의 삶에 관하여 무엇을 알게 되었습니까? 그 부분을 다시 한번 읽어 봅시다.
- 안드레이의 대사 중 "인생이 날 기만해"라는 구절을 어떻게 이해하였습니까?
- 세 자매와 안드레이의 아버지가 왜 자녀들에게 수준 높은 교육을 시켰는지 생각해 봅시다.

***

무대 뒤에서 유모가 아기를 어르며 자장가를 부른다. 마샤와 베르쉬닌이 들어온다. 두 사람이 이야기하는 동안 하녀가 램프와 양초에 불을 붙인다.

마샤 모르겠어요.

사이.

모르겠어요. 물론 익숙함이 많은 것을 의미하죠. 예를 들자면 아버지가 돌아가시고 나서 우리 집에 더 이상 당번병이 없다는 사실에 우리는 한동안 적응하지 못했으니까요. 하지만 익숙함 말고도 내 속에는 당위성 같은 것이 이야기해요. 다른 곳에서는 아닐지 모르겠지만 이 도시에서는 가장 바르고 가장 고상하고 교양 있는 사람들이 군인인 것 같아요.

베르쉬닌 뭘 좀 마시고 싶군요. 차를 마시면 좋겠는데.

마샤 (시계를 보고 나서) 곧 가져올 거예요. 열여덟 살에 집안에서 절 시집보냈어요. 전 남편이 무서웠어요. 왜냐면 남편은 교사였고 저는 막 학교를 졸업했을 때니까요. 그 당시 남편은 엄청난 학자처럼 보였어요. 현명하고 또 중요한 사람 같았지요. 지금은 그렇지 않아요, 유감스럽게도.

베르쉬닌 그렇군요...

마샤 남편에 대해서는 할 얘기가 없어요. 그 사람에게 익숙해졌거든요. 하지만 보통 사람들 중에는 거칠고 불친절하고 교양없는 사람들이 정말 많아요. 그 난폭함은 저를 화나게 만들고 저에게 모욕감을 주지요. 섬세하지 못하고, 부드럽고 상냥하지 못한 사람들을 볼 때면 너무 괴로워요. 남편의 동료 교사들 사이에 있게 되면 정말 괴롭다니까요...

베르쉬닌 그렇군요... 하지만 제 생각에는 민간인이나 군인이나 상관없이 똑같은 것 같아요. 적어도 이 도시에서는 말이죠. 다 마찬가지예요! 민간인이든 군인이든 이 지역 지식인들이 하는 소리를 들어보면 아내 때문에 괴롭고, 집 때문에 고민하고, 영지 때문에 속 썩고, 말 때문에 속상하고... 고상한 사고 방식이 러시아인의 가장 큰 특징인데, 왜 실생활에선 하찮은 일에 매달릴까요? 왜죠?

마샤 왜 그런데요?

베르쉬닌 왜 남자들이 아이들 때문에 괴로워하고, 아내 때문에 괴로워할까요? 그리고 아내와 아이들은 왜 남편 때문에 힘들어하죠?

마샤 오늘 기분이 좀 안 좋으신가봐요.

베르쉬닌 그럴지도 모르겠군요. 오늘 식사를 못 했어요. 아침부터 아무것도 못 먹었습니다. 딸아이가 좀 아파요. 딸들이 아플 때마다 너무 걱정되고, 아이들에게 그런 엄마가 있다는 데 양심의 가책을 느껴요. 아, 당신이 오늘 그 여자를 봤더라면! 쓸모없는 여자 같으니! 아침 7시부터 싸우기 시작했어요. 9시에 저는 문을 박차고 나와 버렸습니다.

사이.

이런 얘기는 절대 하지 않는데, 이상하게 당신에게는 하소연을 하게 되는군요. (손에 입을 맞춘다.) 화내지 마세요. 당신 말고는 제게 아무도 없습니다. 아무도...

사이.

마샤	난로에서 무슨 소리가 나는군요. 아버지가 돌아가시기 얼마 전에도 굴뚝에서 소리가 났거든요. 딱 이런 소리였어요.
베르쉬닌	미신을 믿으세요?
마샤	네.
베르쉬닌	신기하군요. (손에 입을 맞춘다.) 당신은 위대하고 아름다운 여인이에요. 위대하고 아름다운 여인이여! 여긴 어두운데도 당신의 반짝이는 눈빛이 보이는군요.
마샤	(다른 의자에 앉는다.) 이쪽이 더 밝아요.
베르쉬닌	사랑합니다. 사랑해요, 사랑해요... 당신의 눈, 당신의 몸짓을 사랑합니다. 꿈속에서도 봅니다... 위대한, 아름다운 여인이여!

마샤   (조용히 웃으며) 그런 말씀을 하시면 왠지 웃음이 나요, 겁이 나면서도 말이죠. 그만하세요, 부탁이에요... (작은 목소리로) 하지만 말씀하세요, 전 상관없어요... (손으로 얼굴을 가린다.) 전 상관없어요. 사람들이 이리로 오네요. 뭔가 다른 이야기를 하세요.

이리나와 뚜젠바흐가 홀을 가로질러 들어온다.

뚜젠바흐   내 성(姓)은 삼중으로 이루어져 있어요. 나를 뚜젠바흐-끄로네-알뜨샤우에르 남작이라고 부르지요. 하지만 난 러시아인입니다. 당신과 같은 러시아 정교도란 말입니다. 내게 남은 '독일스러운' 것은 별로 없어요. 그저 당신을 질리게 만드는 인내심이나 고집 정도겠죠. 이렇게 매일 저녁 당신을 바래다주지 않습니까?
이리나   정말 피곤해요!
뚜젠바흐   매일 저녁 전신국에 가서 당신을 집에 바래다 드리겠습니다, 10년이고 20년이고, 당신이 나를 쫓아내지 않는 한... (마샤와 베르쉬닌을 보고 기뻐하며) 두 분이셨군요? 안녕하세요.
이리나   겨우 집에 왔어. (마샤에게) 좀 전에 어떤 여자가 오더니 사라또프에 사는 오빠한테 전보를 치겠다는 거야. 오늘 자기 아들이 죽었다고. 그런데 주소를 도무지 기억하지 못하는 거야. 그래서 주소도 없이 그냥 사라또프라고만

해서 보냈지. 여자가 울더라고. 그런데 나는 아무 이유 없이 그 여자한테 무례하게 굴었어. "시간이 없다니까요." 라고 하면서. 나 너무 한심했어. 오늘 우리집에 가장행렬패가 온다고?

마샤 응.
이리나 (안락의자에 앉는다.) 쉬어야지. 지쳤어.
뚜젠바흐 (미소를 지으며) 일하고 돌아올 때면 당신은 조그맣고 가여워 보여요...

사이.

이리나 피곤해. 전신국이 싫어, 싫다고.
마샤 좀 야위었네... (휘파람을 분다.) 그래서인지 더 어려 보여, 얼굴은 사내아이 같아지고.
뚜젠바흐 머리 모양 때문에 그래요.
이리나 다른 일을 찾아야겠어. 이 일은 나랑 안 맞아. 내가 그렇게 원하고 꿈꾸었던 것들은 여기에 없어. 시가 없는 노동, 사상이 없는 노동이야...

마루를 치는 소리.

의사 선생님이야. (뚜젠바흐에게) 대답 좀 해주세요, 전 못하겠어요... 피곤해요...

뚜젠바흐가 바닥을 울린다.

　　　　　　　곧 오실 거예요. 무슨 대책이라도 세워야겠어. 어제는 의
　　　　　　　사 선생님하고 안드레이 오빠가 클럽에 가서 또 돈을 잃
　　　　　　　었대. 오빠는 200루블이나 잃었다더라고.
마샤　　　(무표정하게) 이제 와서 어쩌겠어!
이리나　　두 주일 전에도 잃었고, 12월에도 잃었잖아. 차라리 다
　　　　　　　탕진해 버리면 이곳을 떠날 수 있을지도 모르겠네. 맙소
　　　　　　　사, 매일 밤 모스끄바가 꿈에 나와. 나 완전히 미쳤나봐.
　　　　　　　(웃는다.) 6월에 이사 갈 테니까. 6월까지 아직... 2월, 3
　　　　　　　월, 4월, 5월... 거의 반년이나 남았잖아!
마샤　　　돈 잃었단 얘기는 나따샤가 알지 못하게 해야 해.
이리나　　내 생각엔 상관 안 할 거 같은데.

점심 식사 이후 쉬고 있던 체부뜨이낀이 침대에서 일어나 홀로 들어와 수염을 쓰다듬는다. 그러고는 식탁에 앉아 주머니에서 신문을 꺼낸다.

마샤　　　저기 오셨군... 집세는 내셨나?
이리나　　(웃는다.) 아니. 8개월 동안 한 푼도 안 냈어. 잊어버렸나
　　　　　　　봐.
마샤　　　(웃는다.) 근엄하게 앉아 계시는군!

모두 웃는다. 사이.

이리나 왜 말이 없으세요, 알렉산드르 이그나찌예비치 중령님?
베르쉬닌 모르겠습니다. 차를 마시고 싶네요. 차 한잔을 위해서라면 목숨을 반쯤 내놓아도 좋을 정도입니다! 아침부터 아무것도 못 먹었어요.

이리나가 페이션스 패를 늘어놓는다.

베르쉬닌 그럼 차가 안 나온다면 철학이라도 논해 봅시다.
뚜젠바흐 그러시죠. 무슨 얘길 할까요?
베르쉬닌 무슨 얘기? 상상을 한번 해 봅시다... 예를 들면 우리가 죽고 나서 이삼백 년 뒤의 삶이 어떨지.
뚜젠바흐 좋지요. 미래에 사람들은 기구를 타고 날아다니겠죠. 재킷 모양도 달라질 거고. 어쩌면 여섯 번째 감각을 발견해서 그 감각을 발달시킬 수도 있겠지요. 하지만 삶은 똑같을 겁니다. 인생은 여전히 힘들고 비밀로 가득 차 있고, 행복하기도 하겠지요. 천 년이 지난 뒤에도 인간은 마찬가지로 "아, 사는 게 힘들어." 하며 한숨짓겠죠. 그리고 지금과 마찬가지로 죽음을 두려워하며 죽기 싫어할 겁니다.
베르쉬닌 (잠시 생각하더니) 어떻게 이야기해야 할까요? 저는 세상의 모든 것이 점차 변해야 하고, 이미 우리 눈앞에서 변하고 있다고 생각합니다. 이백 년, 삼백 년, 그리고 천 년이 지나면, 그 기간이야 중요하지 않습니다만, 행복한 새로운 삶이 찾아올 겁니다. 물론 우리는 그 삶에 동참할 수는 없겠지만 그 삶을 위해 지금 우리가 살고, 노동을 하고, 고통 받는 겁니다, 우리가 그 삶을 창조하고 있는 거죠. 여기에 우리 존재의 목적이 있고, 또 행복이 있는 겁니다.

마샤가 조용히 웃는다.

뚜젠바흐   왜 웃으십니까?
마샤   모르겠어요. 오늘은 아침부터 하루 종일 웃음이 나오네요.
베르쉬닌   나는 당신과 같은 학교를 나왔지만 아카데미에 진학하지는 않았죠. 책을 많이 읽긴 하는데 책 고르는 안목이 없어서 어쩌면 필요한 책을 못 읽고 있는지도 몰라요. 그런데 살면 살수록 더 많이 알고 싶어집니다. 머리는 하얗게 세서 이미 늙은이나 다름없는데 아는 게 너무 없어요. 아, 정말 없어요! 하지만 가장 중요하고 절실한 것은 모두 알고 있어요. 확실하게 알고 있습니다. 증명이라도 하고 싶은데, 우리를 위한 행복이란 없고, 있을 수도 없고, 앞으로도 없을 것이라는 사실 말입니다... 우리는 그저 일을 하고 또 일을 해야만 합니다. 그리고 행복이라는 것은 우리의 먼 후손들의 몫인 거죠.

사이.

나는 아니겠지만, 내 후손의 후손들쯤 되겠죠.

페도찌끄와 로데가 홀에 나타난다. 두 사람은 앉아서 기타를 치며 조용히 노래를 부른다.

뚜젠바흐   당신 말대로라면 행복은 꿈도 꾸지 말아야겠네요. 그런데 난 행복하거든요!
베르쉬닌   그렇지 않아요.
뚜젠바흐   (손뼉을 치고 웃으면서) 분명 우리는 서로를 이해하지 못하고 있는 것 같군요. 자, 어떻게 당신을 설득할 수 있을까요?

마샤가 조용히 웃는다.

(마샤에게 한 손가락을 보이며) 웃어요! (베르쉬닌에게) 이백 년, 삼백 년 뒤가 아니라 백만 년 뒤라 해도 인생은 항상 그랬던 대로 똑같이 남아 있을 겁니다. 인생은 변하지 않아요. 영원히 그대로 남아 있을 겁니다. 당신과 아무 상관이 없거나 적어도 당신이 절대 알아낼 수 없는 자신만의 법칙을 따르면서 말이죠. 철새나 두루미를 예로 들면, 그 새들은 날고 또 날죠. 고상하건 하찮건 간에, 무슨 생각들이 머릿속에 오가는 것과는 관계없이 새들은 날아다닐 겁니다. 왜, 어디로 날아가는지도 모르면서

말이죠. 그중 몇 마리가 철학을 한다고 한들 새들은 여전히 날고 또 날아갈 겁니다. 하고 싶으면 얼마든지 철학을 하라고 해요. 어쨌든 날아갈 테니...

마샤 그래도 의미는 있지 않을까요?

뚜젠바흐 의미라... 지금 눈이 오네요. 어떤 의미가 있습니까?

사이.

마샤 제 생각에, 인간은 신앙이 있어야 하거나 신앙을 찾아야 해요. 그렇지 않으면 삶이 허무하지요, 허무해요... 무엇을 위해 두루미는 날고, 무엇을 위해 아이들이 태어나고, 또 무엇을 위해 하늘에 별이 떠 있는지 모르고 사는 것... 아니면 무엇을 위해 사는지 아는 것, 어쩌면 이 모든 것이 시시하고 별 다른게 없을지도...

사이.

베르쉬닌 어쨌거나 청춘이 가는 건 안타까운 일이죠.

뚜젠바흐 주사위는 던져졌어요. 그거 아세요? 마리야 세르게예브나, 저는 전역할 거예요.

마샤 들었어요. 좋은 일인지는 모르겠네요. 전 민간인은 안 좋아해요.

뚜젠바흐 상관없어요... (일어선다.) 볼품도 없는 내가 무슨 군인입니까? 뭐, 아무렴 어때요. 어쨌거나... 일을 할 겁니다. 평생에 단 하루만이라도 저녁에 집에 돌아오면 피곤에 지쳐 침대 위에 곧바로 쓰러져 잠들 만큼 일하고 싶습니다. (홀로 나가면서) 노동자들은 틀림없이 잠을 푹 자겠지!

생각해 볼 문제

- 마샤는 베르쉬닌에게 자신에 관해 어떤 이야기를 합니까?
- 베르쉬닌과 뚜젠바흐는 무엇에 관한 철학을 논합니까?
- 마샤와 베르쉬닌 사이에 무슨 일이 일어나고 있습니까?
- 마샤의 기분이 바뀐 이유는 무엇입니까?
- 베르쉬닌은 행복에 관하여 어떻게 이야기하고 있습니까?
- 이리나는 자신의 일에 만족합니까?

***

나따샤 (솔료느이에게) 젖먹이 아기가 말을 잘 알아들어요. "안녕, 보비끄, 안녕, 아가야!" 보비끄는 날 어쩐지 좀 특별하게 바라봐요. 당신은 내가 엄마라서 그렇다고 생각하겠지만. 그렇지 않아요, 아니라니까요! 보비끄는 특별한 아이예요.

솔료느이 그 아이가 내 아이였으면 프라이팬에 튀겨서 먹어 버렸을 겁니다. (잔을 들고 거실로 응접실로 가서 구석에 앉는다.)

나따샤 (두 손으로 얼굴을 가리고) 잔인하고 무례한 사람 같으니라고!

마샤 지금이 여름인지 겨울인지 모르는 사람은 행복할 거야. 내가 만약 모스끄바에 있었다면 날씨엔 관심도 없었을 텐데...

베르쉬닌 얼마 전에 어느 프랑스 장관이 감옥에서 쓴 일기를 읽었습니다. 그 장관은 파나마 사건으로 형을 선고 받았지요. 감옥 창문을 통해 보았던 새들에 관해서 감격과 환희에 차서 회상하더군요. 예전에 장관이었을 때는 쳐다도 보지 않던 새들인데 말이죠. 물론 석방된 지금은 예전과 마찬가지로 새가 눈에 들어오지 않을 겁니다. 여러분도 역시 모스끄바에 살게 되면 모스끄바는 눈에 들어오지도 않을 겁니다. 우리에게 행복은 없어요. 없습니다. 그저 우리는 행복을 바랄 뿐입니다.

뚜젠바흐 (식탁에서 상자를 집어 든다.) 사탕이 어디 있지?

이리나 솔료느이씨가 다 먹었어요.

뚜젠바흐 전부 다?

안피사 (차를 나르며) 나리, 편지가 왔어요.

베르쉬닌 나한테? (편지를 받는다.) 딸이 보냈군. (읽는다.) 그래, 뻔하지... 미안합니다. 마리아 세르게예브나, 전 조용히 가 봐야겠습니다. 차는 못 마시겠군요. (불안해하며 일어난다.) 항상 이런 식이지...

마샤 무슨 일이에요? 비밀?

베르쉬닌 (낮은 목소리로) 아내가 또 음독을 했답니다. 가 봐야겠어요. 사람들 눈에 안 띄게 갈게요. 이 모든 게 정말 끔찍하군요. (마샤의 손에 입을 맞춘다.) 내 사랑스럽고, 고귀하고, 착한 나의 여인... 이쪽으로 조용히 나가겠습니다. (나간다.)

안피사 저분 어디 가시죠? 차 내왔는데... 이상한 분이네.

마샤 (화가 나서) 저리 비켜요! 얼쩡거리니까 심란하잖아... (찻잔을 들고 식탁 쪽으로 간다.) 할멈 때문에 짜증나!

안피사 왜 그렇게 화를 내세요, 아가씨!

안드레이의 목소리. "안피사!"

(빈정거린다.) 안피사! 떡하니 앉아서는... (나간다.)

마샤	(홀에 있는 식탁 옆에서 화난 채) 나도 좀 앉자고요! (테이블 위의 카드를 뒤섞는다.) 카드 판이라니. 차 드세요!
이리나	언니, 못됐어.
마샤	내가 못됐으면 나하고 얘기 안 하면 되잖아. 나 건드리지 마!
체부뜨이낀	(웃으며) 건드리지 말아요, 건드리지 말아...
마샤	아저씨는 예순이나 되셔서는, 애들 같이 맨날 실없는 소리나 하고.
나따샤	(한숨 쉰다.) 마샤 아가씨, 왜 그런 표현을 쓰는 거예요? 아가씨 같이 멋진 외모면, 솔직히 말해서, 웬만한 사교계에서도 매력적으로 보일 텐데. 그런 표현만 쓰지 않는다면 말이죠. Je vous prie, pardonnez moi, Marie, mais vous avez des manieres un peu grossieres. (미안하지만, 마샤 아가씨, 아가씨는 좀 무례한 표현을 쓰는군요.)
뚜젠바흐	(웃음을 참으며) 줘 봐요... 줘 보세요... 거기 꼬냑 같은 거...
나따샤	Il parait, que mon Бобик deja ne dort pas(우리 보비끄가 벌써 깼나 봐요.), 깼네요. 오늘 보비끄가 좀 아파요. 가 볼게요. 실례할게요... (나간다.)
이리나	알렉산드르 이그나찌이치 중령님은 어디 가셨어?
마샤	집에. 아내한테 또 무슨 일이 생겼나 봐.
뚜젠바흐	(꼬냑병을 들고 솔료느이에게 간다.) 내내 혼자 앉아 무슨 생각을 하시나. 통 알 수가 없군. 자, 화해합시다. 꼬

냑 한잔 합시다.

마신다.

오늘은 밤새 피아노나 쳐야할까 봐, 시시한 곡들이나 치겠지만... 나도 모르겠다!

솔료느이 왜 화해를 하지? 난 당신하고 싸운 적도 없는데.
뚜젠바흐 항상 당신은 우리 사이에 무슨 일이라도 있었던 것처럼 느끼게 하잖소. 당신 성격 이상해, 인정하시게.
솔료느이 (낭독조로) 나는 이상하다, 안 이상한 사람은 누구인가! 노여워하지 마라, 알레꼬여!
뚜젠바흐 거기서 알레꼬가 왜 나와...

사이.

솔료느이 누군가와 둘이 있을 때는 나도 다른 사람들처럼 멀쩡한데, 사람들 틈에 있으면 괜히 소심해져서 우울해. 터무니없는 소리나 하고. 하지만 나는 어떤 누구보다 양심적이고 고상하단 말이야... 증명할 수 있다고.
뚜젠바흐 난 당신한테 자주 화가 나, 사람들과 함께 있을 때면 당신이 계속 시비를 거니까, 그래도 왠지 당신이 좋단 말이지. 아무튼 모르겠고, 오늘은 취하도록 마셔야겠어. 마셔보자고!

솔료느이　마셔 보자고.

마신다.

> 남작, 나는 당신에게 한 번도 반감을 품은 적이 없소. 하지만 나에겐 레르몬또프 같은 기질이 있지. (조용히) 레르몬또프를 닮기까지 했다고... 사람들이 그러더군... (주머니에서 향수병을 꺼내 두 팔에 뿌린다.)

뚜젠바흐　난 전역할거요. 끝! 5년 동안 줄곧 고민한 끝에 내린 결정이야. 일을 할 거야.

웃음.

뚜젠바흐　(안드레이에게 입을 맞춘다.) 젠장, 마셔 보세, 안드류샤, 우리 우정을 위해 마셔 보자고. 안드류샤, 난 자네와 함께 모스끄바 대학으로 갈 걸세!
솔료느이　어느 대학? 모스끄바에는 두 개의 대학이 있지.
안드레이　모스끄바에는 대학이 하나밖에 없습니다.
솔료느이　두 개가 있다니까요.
안드레이　세 개가 있다고 하시지요. 많을수록 좋지요, 뭐.
솔료느이　모스끄바에는 대학이 두 개라니까!

불평과 야유.

모스끄바에는 대학이 두 개요, 구대학, 신대학. 내 얘기가 듣기 불편하다면, 내 말이 당신들을 화나게 만든다면 말을 안 할 수 있습니다. 아예 다른 방으로 갈 수도 있소... (방문들 중 한 곳으로 나간다.)

뚜젠바흐 브라보, 브라보! (웃는다.) 여러분, 시작합시다. 내가 연주하지요. 솔료느이, 웃긴 친구 같으니... (피아노에 앉아 왈츠를 연주한다.)

마샤 (혼자서 왈츠를 춘다.) 남작님 취하셨군, 남작님이 취하셨어, 남작님이 취하셨대요!

나따샤가 들어온다.

나따샤 (체부뜨이낀에게) 이반 로마느이치 선생님! (체부뜨이낀에게 뭔가 이야기한 다음 조용히 나간다.)

체부뜨이낀이 뚜젠바흐의 어깨를 잡고 그에게 무언가 속삭인다.

체부뜨이낀 갈 시간이 됐군. 안녕히들 계시게.
뚜젠바흐 잘 자요. 가야겠네요.
이리나 잠깐만요... 가장행렬 패거리는요?
안드레이 (당황하여) 가장행렬 패거리는 안 올 거야. 봤잖아, 나따샤가 말하는 거, 보비끄가 아프다니까... 그러니까, 난 모르겠다, 난 정말 상관없어.

이리나   (어깨를 으쓱하며) 보비끄가 아프단 말이지!
마샤   어떻게든 되겠지! 쫓아내면, 그렇다면 가야지. (이리나에게) 보비끄가 아픈 게 아니라 저 여자가 아픈 거야... 여기가! (손가락으로 이마를 두드린다.) 천박하고 무식한 여자같으니!

안드레이가 오른쪽 문을 통해 자기 방 쪽으로 나간다. 체부뜨이낀이 그의 뒤를 따르고, 홀에서 작별인사를 나눈다.

페도찌끄   정말 아쉽네요! 파티를 즐길 생각이었는데, 하지만 아기가 아프다면야 뭐... 내일 아기에게 장난감을 가져다 줘야겠군요...
로데   (큰 소리로) 난 오늘 점심 먹고 낮잠까지 자고 왔는데, 밤새 춤을 출 거라 생각했거든. 이제 겨우 9시잖아!
마샤   밖으로 나가서 얘기합시다. 뭘 어떻게 할지 결정하자고요.

"안녕! 잘 가요!" 소리가 들린다. 뚜젠바흐의 유쾌한 웃음 소리가 들린다. 모두 떠난다. 안피사와 하녀가 식탁을 치우고 등불을 끈다.
유모의 노랫소리가 들린다. 외투를 입고 모자를 쓴 안드레이와 체부뜨이낀이 조용히 들어온다.

체부뜨이낀 난 결혼을 못했어. 인생이 번개처럼 순식간에 지나가는 바람에 그렇게 됐지. 그래. 이미 결혼해 버린 자네 어머니를 너무 사랑했기 때문이기도 하지...

안드레이 결혼할 필요 없어요. 필요 없지요, 따분하거든요.

체부뜨이낀 그럴지도 모르지만 이 고독은 어쩌나? 아무리 철학을 논한다 한들 고독은 무서운 거라네, 이 사람아... 하긴, 본질적으로는... 물론, 다 마찬가지지!

안드레이 어서 가시죠.

체부뜨이낀 뭘 그리 서두르나, 늦지 않아.

안드레이 아내가 붙잡을까 봐 걱정돼서 그래요.

체부뜨이낀 아!

안드레이 저는 오늘 게임은 안 하고 앉아만 있을 겁니다. 몸이 안 좋아요... 이반 로마느이치 선생님, 숨이 찰 때는 어떻게 해야 하죠?

체부뜨이낀 뭘 그런 걸 물어보나! 기억이 안 나네, 이 친구야. 모르겠어.

안드레이 부엌으로 나가시죠.

나간다. 초인종 소리. 잠시 후 다시 한번 초인종 소리. 목소리와 웃음소리가 들린다.

이리나 (들어온다.) 누구세요?

안피사 (속삭이며) 가장행렬 패거리!

초인종 소리.

이리나 유모, 집에 아무도 없다고 말해. 그 사람들도 이해하겠지.

생각해 볼 문제

- 베르쉬닌은 왜 나갔습니까?
- 마샤의 기분은 어떻게 변하였습니까?
- 나따샤는 마샤에게 무슨 이야기를 하였습니까?
- 뚜젠바흐는 왜 나따샤가 프랑스어로 이야기할 때 웃음을 참았습니까?
- 지금 집주인은 누구입니까?
- 솔료느이는 어떻게 행동하고 있습니까?
- 안드레이와 체부뜨이낀은 무엇에 관하여 이야기하고 있습니까?

***

안피사가 나간다. 이리나는 생각에 잠겨 방 안을 걸어다닌다.
이리나는 흥분한 상태이다. 솔료느이가 들어온다.

솔료느이   (어리둥절해하며) 아무도 없군요... 모두들 어디에 있죠?
이리나   집으로 돌아갔어요.
솔료느이   이상하네. 혼자 계시는 거예요?
이리나   혼자예요.

사이.

안녕히 가세요.
솔료느이   요즘 제가 좀 침착하지 못하고 눈치 없게 행동했죠. 그래도 당신은 다른 사람들과 다르니까, 고귀하고 순결한 분이시니, 진실이 보일 겁니다... 당신은 유일하게, 당신만이 유일하게 나를 이해할 수 있어요. 사랑합니다, 가슴 깊이, 영원히 사랑합니다...
이리나   그럼 이만! 가 주세요.
솔료느이   나는 당신 없이는 살 수 없어요. (이리나의 뒤를 따라가면서) 오, 나의 기쁨! (눈물을 글썽이며) 오, 나의 행복! 고귀하고 신비롭게 빛나는 눈, 그 어떤 여인에게서도 볼 수 없었던 그 눈...

이리나 (냉정하게) 그만하시죠, 바실리 바실리이치 씨!

솔료느이 처음으로 당신을 향한 내 사랑을 고백하는 겁니다. 지구가 아니라 다른 별에 있는 것 같군요. (이마를 문지른다.) 뭐, 상관없습니다. 사랑을 강요할 수는 없으니까, 물론 그렇죠... 하지만 운좋은 경쟁자들은 내게 없어야겠지요... 그래야지요... 성인들의 이름을 걸고 맹세합니다. 경쟁자는 내가 죽여 버릴 겁니다... 오, 신비로운 여인이여!

나따샤가 촛불을 들고 지나간다.

나따샤 (이 문 저 문을 들여다보고 남편의 방문을 지나친다.) 안에 안드레이가 있었네. 책을 읽도록 놔두지 뭐. 미안해요, 바실리 바실리이치 씨, 여기 계신 줄 모르고, 집에 있는 차림으로 이렇게...

솔료느이 상관없습니다. 전 이만! (나간다.)

나따샤 피곤하죠, 딱한 우리 아가씨! (이리나에게 입을 맞춘다.) 좀 일찍 자지 그래요.

이리나 보비끄는 자요?

나따샤 자요. 하지만 깊이 못 자네요. 그런데 아가씨, 하고 싶은 얘기가 있었는데, 항상 집에 안 계시거나 내가 시간이 없어서... 지금 아이 방이 보비끄한테는 춥고 습한 것 같아요. 아가씨 방이 아기한테 딱 좋을 거 같아요.

아가씨, 아가씨가 당분간만 올가 아가씨 방으로 옮겨가 줘요!

이리나 (이해하지 못하고) 어디로요?

뜨로이까 썰매 한 대가 방울을 울리며 다가오는 소리가 들린다.

나따샤 얼마 동안만 아가씨가 올가 아가씨랑 한 방을 쓰고, 아가씨 방은 보비끄한테 주자고요. 보비끄는 정말 사랑스러운 아이예요. 오늘 제가 "보비끄, 우리 아가, 우리 아가!" 하니까 그 귀여운 눈으로 나를 바라보더라고요.

초인종 소리.

올가 아가씨일 거예요. 너무 늦게 오네!

하녀가 나따샤에게 다가와 귓속말을 한다.

나따샤 쁘로또뽀뽀프씨라고? 이상한 사람이네. 쁘로또뽀뽀프씨가 와서 자기랑 같이 썰매 마차를 타자고 날 부른다네요. (웃는다.) 남자들은 정말 이상해...

초인종 소리.

누가 왔네. 15분 정도만 타고 올까... (하녀에게) 지금 나간다고 말해 줘.

초인종 소리.

또 울리네... 이건 올가 아가씨겠지, 분명히. (나간다.)

하녀가 달려 나간다. 이리나는 생각에 잠겨 앉아 있다.
꿀르이긴과 올가, 그 뒤를 따라 베르쉬닌이 들어온다.

꿀르이긴 어찌된 거지? 파티가 열린다고 하더니.
베르쉬닌 이상하네요, 조금 전에 나왔는데, 30분 전만 해도 가장행렬 패거리를 기다리고 있었어요...
이리나 다들 갔어요.
꿀르이긴 마샤도 갔어? 어디로 갔지? 그리고 쁘로또뽀뽀프는 왜 밑에서 썰매를 타고 기다리고 있는 거야? 누구를 기다리는 거지?
이리나 나한테 묻지 마세요... 피곤해요.
꿀르이긴 에이, 성질 나쁜 아가씨...
올가 회의가 이제야 끝났어. 나 지쳤어. 교장 선생님이 아프셔서 지금 내가 그분을 대신해야 하거든. 머리, 머리가 아파, 머리가... (앉는다.) 안드레이 오빠가 어제 카드판에서 200루블이나 잃었대... 온 도시가 다 그 얘기야...

꿀르이긴	나도 교무 회의 때문에 피곤해. (앉는다.)
베르쉬닌	아내가 나를 겁줄 생각을 했어요. 하마터면 진짜로 독약을 마실 뻔했지요. 별일 없이 지나가고 이제 쉴 수 있어서 좋네요... 그런데 돌아가야겠지요? 자, 그럼 안녕히 계세요. 표도르 일리이치씨, 저와 어디든 갑시다! 난 집에는 못 있겠네요, 도저히... 갑시다!
꿀르이긴	피곤해요. 못 가겠습니다. (일어난다.) 피곤해요. 마샤는 집에 간 건가?
이리나	그렇겠죠.
베르쉬닌	그렇다면 혼자 가지요. (휘파람을 불며 꿀르이긴과 함께 나간다.)
올가	머리가 아파, 머리가... 오빠는 돈을 잃고... 온 동네가 그 얘기고... 가서 누워야겠어. (간다.) 내일은 휴일이네... 아, 너무 좋아! 내일은 휴일, 모레도 휴일... 머리가 아파, 머리가... (나간다.)
이리나	(혼자서) 모두 가 버렸네. 아무도 없어.

거리에서 아코디언 소리가 들리고 유모는 노래를 부른다.

나따샤	(모피 코트에 털모자를 쓰고 홀을 지나간다. 그 뒤를 하녀가 따라간다.) 30분 뒤에 집에 올 거야. 그냥 잠깐 타고 올 거니까. (나간다.)
이리나	(혼자 남아 우수에 잠긴다.) 모스끄바로 가야 해! 모스끄

바로! 모스끄바!

막.

생각해 볼 문제

- 이리나와 솔료느이 사이에 무슨 일이 일어났습니까?
- 나따샤는 이리나에게 무엇을 부탁합니까? (어떻게 부탁을 합니까?)
- 나따샤는 누구와 썰매를 타러 갑니까?
- 안드레이는 무엇을 하였습니까?
- 이리나가 어떤 대사를 하면서 2막이 끝났습니까?
- 2막에서 무슨 일이 일어났는지 서술해 봅시다.

제3막

올가와 이리나의 방. 왼쪽과 오른쪽에 침대가 있고, 침대 주위를 칸막이로 둘러놓았다. 새벽 두 시가 넘은 시각, 이미 한참 전에 발생한 화재 때문에 경보가 울리고 있다. 집 안에 사람들은 잠자리에 들지 않았다. 마샤는 평소와 같이 검은 옷을 입고 소파에 누워 있다.

올가와 안피사가 들어온다.

올가 (옷장에서 옷을 꺼낸다.) 이 회색 옷 받아... 이것도, 이 블라우스도, 이 치마도 받아, 유모... 이게 무슨 일이야, 맙소사! 끼르사노프 골목이 완전히 타 버린 것 같아... 이것도 챙겨, 이것도... (유모의 팔에 옷을 얹는다.) 베르쉰 중령님 댁 사람들이 가엾게도 겁에 질려 있어... 그 집이 하마터면 타 버릴 뻔했거든. 우리집에서 주무시게 해 드려, 집에 가게 놔두지 말고... . 가엾은 페도찌끄 씨네 집은 다 타버렸어, 아무것도 안 남기고...

안피사 페라뽄뜨라도 불러야겠어요, 올류쉬까 아가씨. 혼자 다 들기는...

올가 (종을 친다.) 아무리 종을 쳐도 와야 말이지... (문을 향해) 거기 누구 있으면 이리 좀 와 봐요!

열린 문을 통해 화염으로 붉은 창문이 보인다. 소방대가 집 근처를 지나가는 소리가 들린다.

정말 최악이야. 정말 끔찍해!

페라뽄뜨가 들어온다.

이걸 아래로 가져 가요... 계단 아래 꼴로찔린 씨 댁 어린 아가씨들이 서 있어... 애들한테 갖다 줘요. 그리고 이것도 주고...
페라뽄뜨 알겠습니다. 1812년에 모스끄바에도 화재가 있었죠. 하느님 맙소사! 프랑스 인들도 놀랐으니까.
올가 가, 어서 가...
페라뽄뜨 알겠습니다. (나간다.)
올가 유모, 전부 가져다 줘... 우린 아무것도 필요 없으니까, 모두 줘, 유모... 피곤해, 서 있기도 힘들어... 베르쉬닌 중령님 댁 식구들 집으로 돌아가지 못하게 하고... 여자 아이들은 응접실에서 자고, 알렉산드르 이그나찌예비치 중령님은 아래 남작님 방... 페도찌끄도 남작님 방, 아니면 홀도 괜찮고... 의사 선생님은 하필 취해 가지고... 잔뜩 취하셨어... 거기엔 아무도 보내지 마. 베르쉬닌 부인도 응접실로 모셔.
안피사 (지쳐서) 올류쉬까 아가씨, 절 내쫓지 말아요, 쫓아내지 마세요!

올가 무슨 엉뚱한 소리예요, 유모. 아무도 유모를 안 쫓아내요...

안피사 (올가의 가슴에 머리를 기댄다.) 우리 귀여운, 보물 같은 아기씨, 저 열심히 하고 있어요, 일한다고요... 내가 기운이 빠지면 모두 "나가 버려!"라고 말 하겠죠. 그런데 제가 어디를 갑니까? 어딜? 여든 살에... 여든 두 살...

올가 잠깐 앉아 봐요, 유모... 피곤해서 그래, 딱한 유모... (유모를 앉힌다.) 착한 우리 유모, 쉬어요, 얼굴이 창백해졌어!

나따샤가 들어온다.

나따샤 저기 사람들이 그러는데, 서둘러 화재민을 돕기 위한 모임을 꾸려야 한대요. 어때요? 훌륭한 생각이죠. 가난한 사람들을 돕는 건 항상 필요하니까, 부자들의 의무이기도 하고. 보비끄와 소포치까는 잘 자고 있어요. 아무 일도 없었다는 듯이 자고 있어요. 집 안 어디를 가 봐도 사람들이 많아요, 꽉 찼어요. 요즘 도시에 독감이 돈다는데, 아이들에게 옮을까 봐 무서워요.

올가 (나따샤의 말을 듣지 않고) 이 방에서는 불길이 보이지 않네, 이리도 평화로운데...

나따샤 그래요... 내 머리, 분명 엉망이겠죠. (거울 앞에서) 내가 살이 쪘다고 하던데... 그렇지 않네! 전혀! 마샤 아가씨는 잠들었네, 지쳤네요, 가엾어라... (안피사에게 차갑게) 내 앞에서 감히 앉아 있을 생각도 마! 일어나! 여기서 나가!

안피사가 나간다. 사이.

아가씨는 도대체 왜 저 할멈을 데리고 있는 건지, 이해를 못하겠다니까!

올가 (놀라서) 미안하지만, 나도 이해를 못하겠군요...

나따샤 이 집에서 할멈은 아무 쓸모도 없어요. 농사꾼 여자는 시골에서 살아야지... 분수도 모르고! 나는 이 집안에 질서가 있는 게 좋아요! 쓸모 없는 인간이 집 안에 있어선 안 돼요. (올가의 뺨을 어루만진다.) 불쌍한 아가씨, 피곤하구나! 우리 교장선생님이 피곤하다니! 소포치까가 커서 김나지움에 들어가면 내가 우리 시누이를 무서워하게 되겠죠.

올가 난 교장은 안 할 거예요.

나따샤 아가씨가 뽑힐 텐데요, 올레치까. 벌써 결정된 거예요.

올가 난 사양할 거예요. 할 수 없어요... 내 능력 밖이에요... (물을 마신다.) 나따샤, 방금 유모에게 너무 난폭하게 대했어요... 미안하지만, 난 참을 수 없어요... 눈 앞이 캄캄해질 정도였어.

나따샤 (당황하여) 미안해요, 올랴 아가씨, 용서해요... 화나게 할 생각은 없었어요.

마샤가 일어나서 베개를 들고 나간다. 화가 나 있다.

올가 명심해요, 나따샤... 우린 교육을 받은 사람들이에요. 이상할 수도 있겠지만, 난 이런 일은 참을 수가 없어요. 그런 태도는 나를 고통스럽게 하고, 아프게 하고... 우울하게 만들어요.

나따샤 미안해요, 미안해요... (올가에게 입을 맞춘다.)

올가 아무리 사소한 일이라도 무례하거나 거친 말은 나를 화나게 해요.

나따샤 내가 쓸데없는 말을 자주 하죠. 그건 사실이에요. 그래도 아가씨, 유모가 시골에 가서 살아야 된다는 건 인정해야 돼요.

올가 유모는 우리 집에서 30년이나 같이 살았어요.

나따샤 하지만 이제 일도 못하잖아요! 내가 이해를 못하는 건지, 아가씨가 날 이해할 생각이 없는 건지. 안피사는 일을 할 수가 없다고요. 그저 잠을 자거나, 앉아 있기만 하지.

올가 그럼 앉아 있게 둬요.

나따샤 (놀라서) 앉아 있게 놔두라니요? 저 여자는 하녀예요. (눈물을 글썽이며) 올랴, 난 아가씨를 이해 못하겠어요. 우리 집에는 유모도 따로 있고, 애 보는 사람도 있고... 가정부도, 요리사도 있잖아요... 왜 우리 집에 저 할멈이 있어야 하는 거죠? 무엇 때문에?

무대 뒤에서 경보가 울린다.

올가   하룻밤에 10년은 늙어버린 것 같아.
나따샤   올가 아가씨, 우리 이야기는 끝내야죠. 아가씨는 김나지 움에서, 나는 집에서, 아가씨는 교육, 나는 집안일. 내가 하녀들에 대해서 이야기할 때 내가 무슨 말을 하는지 알고 있어요. 알고 있다고요, 무슨 말을 하는지... 내일 당장 그 늙은 도둑, 그 할망구... (발을 구른다.) 그 마귀 할멈이 내 집에 있지 않게 해 줘요. 나를 화나게 하지 말라고요! 생각도 말아요! (마음을 가라 앉히고) 사실, 아가 씨가 아래층으로 옮기지 않으면 우린 늘 이렇게 싸우게 될 거예요. 끔찍한 일이죠.

꿀르이긴이 들어온다.

꿀르이긴   마샤는 어디 있지? 집에 갈 때가 되었는데. 불길이 잦아들었대. (기지개를 켠다.) 한 블록밖에 안 탔어. 바람이 불어서 처음에는 도시 전체가 타버릴 것 같더니만. (앉는다.) 지쳤어. 우리 올가 처형... 난 종종 그런 생각을 해. 마샤가 아니었다면 난 처형과 결혼했을 거라고. 처형은 참 좋은 사람이야... 지친다... (귀를 기울인다.)

올가   네?

꿀르이긴   하필 의사가 잔뜩 취해 있으니, 완전 고주망태가 됐어. 하필이면! (일어난다.) 이쪽으로 오는 거 같은데... 들려? 그래, 이쪽이야... (웃는다.) 저 꼴 좀 봐! 그렇지, 난 숨어야겠어... (구석 벽장 쪽으로 간다.) 이런 쓸모없는 인간!

올가   2년 동안 안 드시다가 갑자기 취하도록 드시다니... (나따샤와 함께 방 안쪽 깊숙한 곳으로 간다.)

체부뜨이낀이 들어온다. 취하지 않은 듯 비틀거리지 않고 방 안으로 걸어오다가 멈춰 서서 둘러본다. 그리고 세면대로 가서 손을 씻기 시작한다.

체부뜨이낀 (침울하게) 다 뒈져 버려... 빌어먹을... 내가 의사라서 모든 병을 다 고칠 거라고 생각하지, 그런데 난 정말 아무것도 몰라, 알았던 것도 다 잊어버렸다고, 아무것도 기억이 안 나, 정말 아무것도.

올가와 나따샤가 체부뜨이낀 눈에 띄지 않게 빠져나간다.

빌어먹을. 지난 수요일에 자스이쁘에서 어떤 여자를 치료했는데 죽어 버렸어, 그 여자가 죽은 건 내 잘못이지. 그래... 25년 전에는 뭔가 아는 게 있었는데, 지금은 아무것도 기억이 안 나. 아무것도. 머리는 텅 비었고, 가슴은 싸늘하게 식어 버렸어. 어쩌면 나는 인간이 아니라 그냥 팔, 다리... 머리가 있는 인간인 척하고 있을지 몰라. 어쩌면 난 아예 존재하지 않는지도 모르지. 내가 걸어 다니고, 먹고, 자고 있다고 착각하는 걸지도. (운다.) 아, 내가 존재하지 않는다면! (울음을 멈추고 침울하게) 알게 뭐야... 그저께 클럽에서 얘기하는데 사람들이 셰익스피어나 볼테르를 들먹이더군... 난 안 읽었어, 전혀 안 읽었다고. 그런데 마치 읽은 것 같은 표정을 지었지. 다른 사람들도 나랑 똑같아. 야비해! 천박해! 그러다 수요일에 내가 죽게 만든 그 여자가 생각났어... 죄다 생각났지... 심사가 뒤틀리고, 수치스럽고 역겨워져서... 가서 술을 마셨지...

생각해 볼 문제

- 올가와 나따샤는 무슨 이야기를 하고 있습니까?
- 나따샤는 유모에게 어떻게 이야기합니까?
- 올가와는 어떻게 이야기합니까?
- 지금 집주인은 누구입니까?
- 올가는 이 상황에 동의하고 있습니까?
- 자매들은 왜 나따샤의 말에 반대하지 않습니까?
- 체부뜨이낀의 대사를 다시 한번 읽어봅시다. 그는 왜 술을 마셨습니까?

***

이리나, 베르쉰 그리고 뚜젠바흐가 들어온다. 뚜젠바흐는 최신 유행하는 사복을 입고 있다.

이리나   여기 앉죠. 여기는 아무도 안 들어올 거예요.

베르쉰   군인들이 아니었다면 도시 전체가 다 타버렸을 겁니다. 다들 훌륭했어요! (만족하며 손을 비빈다.) 훌륭한 사람들이에요! 아, 정말 잘했어!

꿀르이긴   (그들에게 다가가면서) 몇 시죠, 여러분?

뚜젠바흐   벌써 세 시가 넘었군요. 날이 밝겠어요.

이리나   다들 홀에 앉아 아무도 안 가고 있네요. 당신 친구 솔료느이도 앉아 있던데요… (체부뜨이낀에게) 의사 선생님은 가서 주무시지 그래요.

체부뜨이낀   괜찮사옵니다. 고맙사옵니다. (턱수염을 쓰다듬는다.)

꿀르이긴   (웃는다.) 거나하게 드셨네요, 이반 로마느이치 선생님! (어깨를 친다.) 잘하셨어요! 고대인들이 말했죠, In vino veritas(술 속에 진리가 있노라).

뚜젠바흐   사람들이 나에게 화재민들을 위한 연주회를 열라고 부탁하더군요.

이리나   음, 누가 거기서…

뚜젠바흐   원한다면 열 수도 있지요. 내가 보기에 마리야 세르게예브나 씨의 피아노 연주가 아주 훌륭하던데.

꿀르이긴 연주 실력이 대단하지!

이리나 언니는 이미 잊어버렸어요. 3년 동안 안 쳤으니... 아니 4년인가.

뚜젠바흐 이 도시에는 음악을 이해하는 사람이 아무도 없어요, 단 한 명도. 그렇지만 나는, 나는 좀 알지, 장담하건대, 마리야 세르게예브나 씨의 연주는 훌륭해요. 거의 천부적이라니까.

꿀르이긴 당신 말이 맞아요, 남작. 나는 마샤를 정말 사랑합니다. 마샤는 대단한 여자예요.

뚜젠바흐 그렇게 현란하게 연주할 수 있다니, 그것도 아무도, 아무도 자신을 이해 못한다는 걸 알면서도!

꿀르이긴 (한숨을 내쉰다.) 그래요... 그렇지만 마샤가 연주회에 나가는 게 괜찮을까요?

사이.

여러분, 전 모르겠군요. 어쩌면 좋은 일일 수도 있겠네요. 솔직히 말해서 우리 교장 선생님은 좋은 사람이에요. 정말 좋은 사람이죠, 지적이시고. 다만 그분 사고방식이... 물론, 교장 선생님이 상관하실 일은 아닙니다만, 어쨌든 원하신다면, 제가 교장 선생님께 한번 이야기를 해 보겠습니다.

체부뜨이낀이 도자기 시계를 들고 살펴본다.

베르쉬닌 화재 현장에 있었더니 완전 재투성이가 되어 꼴이 엉망이 됐네요.

사이.

어제 얼핏 들었는데 우리 여단을 어딘가 먼 곳으로 옮길 것처럼 이야기하더군요. 몇몇은 폴란드 왕국으로 간다고 하고 또 어떤 사람들은 치따로 간다고 하더라고요.
뚜젠바흐 저도 들었어요. 어쩌죠? 그럼 도시가 텅 비겠군요.
이리나 우리도 떠날 거예요!
체부뜨이낀 (시계를 떨어뜨려 시계가 부서진다.) 박살이 나버렸군!

사이, 모두 놀라고 당황한다.

꿀르이긴 (조각들을 주우며) 이렇게 비싼 물건을 깨뜨리다니, 아휴, 이반 로마느이치 선생님! 당신 품행은 빵점입니다!
이리나 이건 돌아가신 엄마의 시계예요.
체부뜨이낀 그랬나... 엄마의 시계, 그래 엄마 시계겠지... 어쩌면 내가 깨뜨린 게 아니라 단지 깨뜨린 것처럼 보이는 건 아닐까. 어쩌면 우리도 단지 존재하는 것 같을 뿐이고, 사실은 존재하지 않을지도 모르지. 나는 아무것도 몰라, 그 누구도 아무것도 몰라. (문 옆에서) 뭘 보는 거지? 나따샤가 쁘로또뽀뽀프와 바람이 났는데 당신들은 보질 못하지... 당신들이 여기 그냥 앉아서 아무것도 못 보는 동안 나따샤는 쁘로또뽀뽀프와 바람이 났지요... (노래한다.) 이 대추야자 열매를 가져가지 않으시겠어요... (나간다.)

베르쉬닌 음... (웃는다.) 이 모든 일들이, 정말 이상하군요!

사이.

처음 화재가 났을 때 나는 급히 집으로 달려갔습니다. 가서 보니 우리 집은 멀쩡한 게 별일 없었어요. 그런데 두 딸은 속옷만 입은 채 문가에 서 있고 애들 엄마는 집에 없더라고요. 사람들은 허둥대지, 말이고 개들이고 뛰어다니고, 우리 딸들은 불안인지, 공포인지, 애원인지 모를 표정을 짓고, 그 표정을 보니 가슴이 미어지는 것 같았습니다. 맙소사, 우리 아이들이 앞으로 긴 세월 동안 힘들게 살겠다는 생각이 들었어요. 나는 아이들을 붙잡고 달리면서 이 한 가지 생각만 했어요. 아이들이 이 세상에 사는 게 녹록치 않겠구나!

화재 경보. 사이.

여기 와 보니 애들 엄마는 여기서 소리를 지르며 화를 내고 있더라고요.

마샤가 베개를 들고 들어와 소파에 앉는다.

우리 아이들이 속옷 차림에 맨발로 문가에 서 있고, 거리는 화재 때문에 온통 시뻘건 데다 무시무시한 소음까지 들리니 이와 비슷한 일이 오래전에도 있었던 게 생각났어요. 그때는 적군이 갑자기 쳐들어와 약탈하고 불을 질렀지요... 하지만 실제로는 오늘 일과 그때 일에는 얼마나 큰 차이가 있습니까! 세월이 좀 더 흘러서, 그러니까 이백 년이나 삼백 년 뒤에 지금 우리의 삶에 대해 경악하고 경멸하면서 바라볼 것입니다. 현재의 모든 것은 어색하고 고통스럽고 매우 불편한 데다 또 이상하게 보일 겁니다. 아, 어떤 세상이 올까요, 어떤 세상이! (웃는다.) 미안합니다, 제가 또 따분한 이야기에 빠져 있었군요. 조금 더 해도 될까요, 여러분. 이런 이야기를 너무 하고 싶군요. 지금 제 기분이 그렇습니다.

사이.

모두들 잠들었네요. 다시 한 번 말하지만, 어떤 세상이 오겠느냐 말이죠! 상상만 할 수 있을 뿐이죠... 여러분 같은 분들이 지금은 이 도시에 단지 세 명뿐이지만, 다음 세대에는 더 많아지고, 점점 더 많아져서, 모든 것이 여러분 식으로 변하고 모두가 여러분처럼 살게 되는 시대가 올 겁니다. 그러면 여러분도 나이가 들 테고, 여러분보다 더 나은 사람들이 생겨날 겁니다... (웃는다.) 오늘따라 기분이 왠지 특별하네요. 나는 정말 살고 싶어요... (노래한다.) 나이도 사랑 앞에 순종하고, 사랑의 고통은 값지다네... (웃는다.)

마샤 뜨람-땀-땀...
베르쉬닌 뜨람-땀...
마샤 뜨라-라-라?
베르쉬닌 뜨라-따-따. (웃는다.)

페도찌끄가 들어온다.

페도찌끄 (춤춘다). 탔어요, 다 탔어요! 모두 다 타 버렸어!

웃음.

이리나 농담하지 말아요. 다 타 버렸어요?
페도찌끄 (웃는다). 홀랑 다 타 버렸어요. 아무것도 안 남았어요. 기타도 타고, 사진도 타고, 내 편지들도... 당신에게 수첩을 선물하고 싶었는데, 그것도 타버렸네요.

솔료느이가 들어온다.

이리나 아니요, 나가 주세요, 바실리 바실리이치 씨. 여기 오지 마세요.
솔료느이 왜 남작은 되고, 나는 안됩니까?
베르쉬닌 그러고 보니 정말 나가야겠군요. 화재는 어떤가요?
솔료느이 잦아들었다고 합니다. 그런데 정말 이상하군요, 왜 남작은 되고, 나는 안되지요? (향수병을 꺼내서 뿌린다.)
베르쉬닌 뜨람-땀-땀.
마샤 뜨람-땀.
베르쉬닌 (웃는다. 솔료느이에게) 홀 쪽으로 갑시다.
솔료느이 알겠나이다. 그렇게 적어 두지요. 이 생각을 좀 더 설명할 수도 있지만, 누군가를 화나게 할까 봐 두렵노라... (뚜젠바흐를 보며) 쭛, 쭛, 쭛...

베르쉬닌, 페도찌끄와 함께 나간다.

이리나 솔료느이는 어쩜 저렇게 담배를 피워 댈까... (어리둥절해하며) 남작님이 잠들었네! 남작님! 남작님!

생각해 볼 문제

- 베르쉬닌의 대사를 다시 한번 읽어 봅시다. 무엇에 대해서 이야기하고 있습니까?
- 체부뜨이낀은 나따샤에 대해서 무슨 이야기를 합니까?
- 베르쉬닌은 왜 사랑 노래를 부릅니까?
- 베르쉬닌과 마샤의 대화 «뜨람-땀-땀...», «뜨람-땀...»은 무엇을 의미합니까?

***

뚜젠바흐 (잠에서 깨서) 피곤하군요, 그나저나... 벽돌 공장... 잠꼬 대하는 게 아니라, 정말 곧 벽돌 공장에 가서 일을 시작할 겁니다... 이미 이야기가 되었어요. (이리나에게, 다정하게) 당신은 어쩌면 그렇게 창백하고, 아름답고, 매력적입니까... 그 창백한 피부가 빛처럼 어둠을 밝히는 것 같아요... 당신은 우울하군요, 삶이 불만스럽고... 아, 나랑 갑시다, 나랑 함께 일하러 갑시다!

마샤 니꼴라이 르보비치 씨, 여기서 나가 주세요.

뚜젠바흐 (웃으면서) 여기 계셨어요? 못 봤네요. (이리나의 손에 입을 맞춘다.) 잘 있어요, 전 갑니다... 이렇게 당신을 보고 있으니 생각이 나는군요. 언젠가 예전에, 당신 명명일 날, 당신이 활기차고 명랑하게 노동의 기쁨에 관해 이야기했었죠... 그때는 삶이 어찌나 행복하게 느껴지던지! 그 삶은 어디에 있지? (손에 입을 맞춘다.) 당신 눈에 눈물이 고였군요. 누워서 좀 자요. 벌써 날이 밝네요... 아침이 오겠군요. 당신을 위해 내 인생을 바칠 수만 있다면!

마샤 니꼴라이 르보비치씨, 가세요! 뭐예요, 정말...

뚜젠바흐 갑니다... (나간다.)

마샤 (눕는다.) 표도르, 자요?

꿀르이긴 어?

마샤 집에 가세요.

꿀르이긴 사랑스러운 마샤, 나의 소중한 마샤...

이리나 언니가 지쳤어요. 좀 쉬게 해주세요, 형부.

꿀르이긴 지금 갈 거야. 착하고 멋진 내 아내... 당신을 사랑해, 내 유일한 사랑...

마샤 (화가 나서) Amo, amas, amat, amamus, amatis, amant(나는 사랑한다, 너는 사랑한다, 그는 사랑한다, 우리는 사랑한다, 너희들은 사랑한다, 그들은 사랑한다)

꿀르이긴 (웃는다.) 아니, 정말, 마샤는 놀라워. 당신과 결혼한 지 7년이 지났는데 바로 어제 결혼한 것 같아. 아니, 정말이야, 당신은 놀라운 여자야. 나는 만족해, 난 만족해, 만족한다고!

마샤 지겨워, 지겨워, 지겨워... (일어나 앉아서 이야기한다.) 머리에서 떠나질 않아... 너무 충격적이야... 머릿속에 박혀 있어... 입 다물고 있을 수가 없어. 안드레이 오빠에 관한 거야... 오빠가 은행에 이 집을 저당 잡혔고, 그 돈은 전부 올케가 가져갔대. 아니 이 집은 오빠 한 사람이 아니라 우리 네 남매 모두의 것이잖아! 오빠가 제정신이라면 이걸 알고 있어야지.

꿀르이긴 그만해, 마샤! 무슨 상관이야? 안드류쉬까는 사방에 빚을 졌어, 내버려 둬.

마샤 이건 어쨌든 괘씸하잖아요. (눕는다.)

꿀르이긴 우리는 가난하지 않아. 내가 일을 하잖아, 김나지움에 가서 수업하잖아... 나는 정직한 사람이야. 평범한...

223

Omnia mea mecum porto(나는 내 모든 것을 지니고 있노라), 이런 말도 있잖아.

마샤 나는 아무것도 필요 없어요. 하지만 옳지 않기 때문에 화가 나는 거예요.

사이.

가요, 표도르!

꿀르이긴 (마샤에게 입을 맞춘다.) 당신 지쳤어. 30분이라도 쉬어. 나는 저쪽에 앉아서 기다릴게. 자... (걸어간다.) 나는 만족해, 나는 만족해, 나는 만족해. (나간다.)

이리나 정말이지, 오빠가 왜 그렇게 망가졌지, 그 여자 옆에 있더니 왜 그렇게 기운 빠지고 늙어 버린 거냐고! 한때는 교수를 준비하던 사람이, 어제는 자치회 의원이 되었다고 자랑까지 하더라고. 오빠는 의원, 쁘로또뽀뽀프는 의장... 온 도시가 수군거리며 비웃는데 오빠만 혼자 아무것도 모르고, 못 보고 있어... 좀 전에도 모두가 화재 현장으로 달려가는데, 오빠만 자기 방에 앉아 관심도 없더라고. 바이올린이나 켜고 말이야. (신경질적으로) 아, 끔찍해, 끔찍해, 끔찍해! (운다.) 더 이상 못 참겠어, 못 참겠다고!.. 못 참아, 못 참아!...

올가가 들어와서 자신의 책상 주변을 정리한다.

	(큰 소리로 통곡한다.) 날 내버려 둬, 내버려 둬, 난 더 이상 못 참겠어!..
올가	(놀라서) 왜, 왜 그래, 이리나?
이리나	(통곡하며) 어디 갔지? 다 어디로 갔냐고? 다 어디 있어? 오, 하느님, 하느님! 난 다 잊어버렸어, 잊어버렸다고.. 내 머릿속이 뒤죽박죽이야... 기억이 안 나, 창문이 이탈리아어로 뭐였지, 또 천장은... 전부 잊어 가, 매일 잊어 가고 있어. 인생은 가 버리면 두 번 다시 돌아오지 않아. 절대로, 우리는 절대로 모스끄바에 못 갈 거야... 난 알아, 우리가 떠나지 못할 거라는 걸...
올가	이리나, 이리나...
이리나	(감정을 추스르며) 아, 난 불행해... 난 일할 수 없어, 일하지 않을 거야. 됐어, 이걸로 충분해! 전신기사로도 일해 봤고, 지금은 시 자치회에서 일하고 있지만, 나에게 시키는 일들이 다 싫어, 지긋지긋해... 난 벌써 스물 네 살인 데다 이미 오랫동안 일을 했어. 뇌는 쭈그러들고 난 마르고 추해지고 늙어 버렸어, 아무것도, 아무것도 만족스럽지 않아. 그런데 시간은 계속 흐르고 진정으로 멋진 삶과는 멀어지고 어떤 나락으로 자꾸자꾸 떨어지는 것 같아. 난 절망에 빠졌어, 절망에 빠졌다고! 그런데 내가 어떻게 살아 있는 거지, 왜 여태 죽어버리지 않았는지, 이해할 수 없어...
올가	울지 마, 내 동생, 울지 마... 내 마음이 아파.

이리나	안 울어, 안 울 거야... 더 이상 안 울어... 자, 벌써 안 울 잖아. 됐어... 괜찮아!
올가	이리나, 언니로서, 그리고 친구로서 하는 말인데, 혹시 내 조언이 필요하다면 말이야, 남작님과 결혼하는 게 어때?

이리나가 조용히 운다.

> 너도 그 사람을 존경하고 높이 평가하잖니... 그 사람이, 사실, 미남은 아니지만, 정직하고 꾸밈이 없지... 사실 결혼은 사랑 때문이 아니라 자신의 의무를 다하기 위해 하는 거야. 적어도 나는 그렇게 생각해, 나도 사랑 없이 결혼할 수 있다고. 누가 청혼을 하든 그 사람이 정직한 사람이라면 그냥 결혼할 거 같아. 나이 든 사람한테도 갈 수 있어...

이리나	줄곧 난 우리가 모스끄바에 가면 그곳에서 진정한 짝을 만날 거라고 기대했어. 그 사람을 꿈꾸고 사랑해 왔어... 하지만 다 부질없어, 다 부질없어...
올가	(동생을 안는다.) 내 소중한, 예쁜 동생아, 나는 다 이해해. 니꼴라이 르보비치 남작이 전역하고 사복을 입고 우리 집에 왔을 때 너무 못나 보여서 울음이 터질 정도였어... 그 사람이 물어보더구나, "왜 우시죠?"라고. 내가 무슨 말을 할 수 있겠니! 하지만 하늘이 도와서 그분과

네가 결혼한다면 난 행복할 것 같아. 그건 다른 문제야, 완전히 다른 문제.

나따샤가 촛불을 들고 무대를 가로질러 오른쪽 문에서 왼쪽 문으로 말없이 나간다.

마샤   (앉는다.) 저 여자 걷는 모습이 꼭 저 여자가 불을 낸 거 같아.
올가   마샤, 넌 바보야. 우리 집에서 제일 바보는 너야, 미안하지만.

사이.

마샤   나 두 사람한테 고백할 게 있어. 내 마음이 괴로워. 두 사람한테 이야기하고 앞으로 절대 그 누구에게도 하지 않을 거야... 지금 이야기할게. (나직하게) 이건 내 비밀이지만 두 사람 모두 알아야 해. 침묵하고 있을 수가 없어...

사이.

난 사랑해, 사랑해... 그 사람을 사랑해... 언니랑 이리나도 방금 전에 그 사람을 봤어... 음, 그래 바로, 한마디로 말해서 베르쉬닌 중령을 사랑해...

올가 (칸막이 뒤, 자기 침대로 간다.) 그만둬. 난 아무것도 안 들려.

마샤 나보고 어쩌라고! (머리를 감싼다.) 처음에는 이상한 사람이라고 생각했는데, 그러다가 딱하다는 생각이 들었어... 그리고 사랑에 빠졌어... 그 사람 목소리, 그 사람의 말, 불행한 두 딸까지 사랑하게 되었어...

올가 (칸막이 너머로) 어쨌든 난 안 들려. 네가 어떤 바보 같은 소리를 하든 난 안 들려.

마샤 아니, 언니는 바보야. 난 사랑해, 그게 내 운명이야. 다시 말해서, 내 숙명이라고... 그 사람도 나를 사랑해. 이 모든 게 끔찍하겠지, 그렇지? 좋은 일은 아니지? (이리나의 손을 잡고 자기 쪽으로 끌어당긴다.) 아, 내 동생... 우리는 어떻게든 우리 삶을 살게 되겠지. 그 삶에 무엇이 나타날지는... 소설을 읽다 보면 모든 게 진부하고, 모든 게 뻔한 것 같지. 그런데 네가 사랑해 빠지면 그 누구도, 아무것도 모른다는 걸, 각자 스스로 결정해야 한다는 걸 알게 될 거야... 사랑하는 내 동생, 언니... 두 사람한테 고백했으니 이제 침묵할 거야... 지금부터는 고골의 광인처럼... 침묵... 침묵...

안드레이, 그 뒤를 이어 페라뽄뜨가 들어온다.

안드레이   왜 아무 말이 없어, 올랴?

사이.

이제 이런 바보 짓은 그만둘 때도 됐잖아, 이유 없이 성질 좀 그만 부리고. 너랑 마샤도 여기 있고 이리나도 여기 있으니 잘됐네. 우리 허심탄회하게 얘기 좀 해보자, 마지막으로. 모두들 나한테 불만이 뭐야? 응?

올가   그만 둬, 안드류샤. 우리 내일 얘기하자. (흥분하면서) 정말 괴로운 밤이야!

안드레이   (매우 당황한다.) 흥분하지 마. 나는 아주 냉정하게 물어보는 거야. 나한테 뭐가 불만이지? 솔직하게 얘기들 해봐.

베르쉬닌의 목소리, "뜨람-땀-땀!"

마샤   (일어난다, 큰 소리로) 뜨라-따-따! (올가에게) 안녕, 올랴 언니, 주님이 함께하기를. (칸막이 너머로 가서 이리나에게 입을 맞춘다.) 잘 자... 잘 있어, 오빠. 그만 나가, 다들 지쳤어... 내일 얘기해... (나간다.)

올가   정말이야 안드류샤, 내일로 미루자... (칸막이 너머 자기 자리로 간다.) 잘 시간이야.

안드레이   이 말은 하고 가겠어. 지금... 첫째, 모두들 내 아내 나따샤에게 불만이 있어. 이건 결혼 첫날부터 눈치채고 있었어. 나따샤는 아름답고 정직한 사람이야. 강직하고 품위 있는 사람이라고. 난 그렇게 생각해. 나는 내 아내를 사랑하고 존경해, 알겠어? 존중한다고, 그러니까 다른 사람들도 나따샤를 존중해 주길 바라. 다시 한번 말하지만, 나따샤는 정직하고 품위 있는 사람이야. 그러니까 너희들의 모든 불만들은, 미안한 얘기지만, 그냥 투정일 뿐이야...

사이.

둘째, 너희들은 내가 교수가 아니라서, 학문을 하지 않아서 화가 난 것 같은데, 하지만 나는 자치회에서 근무하고 있고, 자치회 의원이야. 나는 내 일도 학문에 종사하는 것 만큼이나 성스럽고 고귀한 일이라고 생각해. 난 자치회 의원이고, 그 사실이 자랑스러워, 너희들이 뭐라건 간에...

사이.

셋째... 더 말할 게 있는데... 너희들 허락을 구하지 않고 이 집을 저당 잡혔어... 내가 잘못했어, 그래, 용서해 주길 바라... 빚 때문에 어쩔 수 없었어... 3만 5천 루블

이야... 이제는 카드게임 안 해, 관둔 지 오래야. 하지만 중요한 건, 변명을 하자면, 너희들은 연금을 받지만 나는 벌이가 없다는 거지... 말하자면...

사이.

꿀르이긴 (문 앞에서) 마샤 여기 없나? (불안해하며) 마샤가 어디 있지? 이상한 일이네... (나간다.)
안드레이 아무도 듣질 않는군. 나따샤는 훌륭하고 정직한 사람이야. (말없이 무대 위를 걷다가 멈춰 선다.) 결혼할 때는 우리가 행복할 거라고 생각했어... 모두가 행복할 거라고... 그런데 맙소사... (운다.) 내 사랑하는 동생들, 얘들아, 나를 믿지 마, 믿지 마... (나간다.)
꿀르이긴 (문 밖에서 불안해하며) 마샤는 어디 있지? 마샤 여기 없어? 희한한 일이군. (나간다.)

경보음. 무대는 비어 있다.

이리나 (칸막이 너머로) 올랴 언니! 누가 이렇게 마룻바닥을 두드리는 거야?
올가 의사 선생님이야. 취하셨어.
이리나 정말 속시끄러운 밤이네!

사이.

올랴 언니! (칸막이 너머로 바라본다) 들었어? 여단이 여기를 떠나 어디 먼 곳으로 옮겨 간대.
올가 그냥 소문이야.
이리나 그럼 우리만 남게 되잖아… 올랴 언니!
올가 응?
이리나 언니, 나는 남작님을 존경하고 높게 평가해. 남작님은 훌륭한 사람이야, 나 그분과 결혼할래, 할게, 단, 함께 모스끄바로 간다면! 제발 언니, 가자! 모스끄바보다 좋은 곳은 세상에 없어! 가자, 올랴 언니! 가자!

막.

생각해 볼 문제

- 마샤는 안드레이에게 어떤 불만이 있습니까?
- 이리나는 안드레이에 대해서 어떻게 이야기합니까?
- 이리나의 독백을 다시 읽어봅시다. 이리나는 왜 울고 있습니까?
- 올가는 이리나에게 어떤 조언을 해주고 있습니까?
- 이리나가 꿈꾸는 것은 무엇입니까? 이리나는 올가의 조언을 따릅니까? 왜 그렇습니까?
- 마샤는 자매들에게 무엇을 고백하였습니까?
- 마샤의 남편이 왜 마샤를 찾고 있습니까?
- 마샤는 어디에 있습니까?
- 자매들은 안드레이와 무슨 이야기를 하고 있습니까?
- 안드레이는 무엇을 고백하고 있습니까?
- 이 막의 마지막 대사는 무엇입니까?
- 3막에서 무슨 일이 일어났는지 기술해봅시다.

제4막

쁘로조로프 저택의 오래된 정원. 길게 이어진 전나무 길, 그 길 끝에 강이 보인다. 강 반대편에 숲이 있다. 오른편에는 테라스가 있고 여기 놓여진 식탁 위에는 술병과 잔들이 놓여 있다. 방금 샴페인을 마신 것처럼 보인다. 낮 12시. 이따금 행인들이 거리에서 강쪽으로 정원을 가로질러 간다. 군인 다섯 명이 후다닥 지나간다. 체부뜨이낀은 평온하게, 4막 내내 이 기분을 유지하며, 정원의 안락의자에 앉아, 자신을 불러주기를 기다린다. 그는 군모를 쓰고 지팡이를 들고 있다.

이리나, 콧수업을 자르고 목에 훈장을 건 꿀르이긴, 그리고 뚜젠바흐는 테라스에 서서 아래로 내려가는 페도찌꼬와 로데를 배웅하고 있다. 두 장교 모두 행군 복장이다.

뚜젠바흐 (페도찌꼬와 입 맞춘다.) 당신은 좋은 사람이에요, 우리 그렇게 친하게 지냈는데. (로데와 입 맞춘다.) 한 번 더... 잘 가요, 소중한 이여!

이리나 또 만나요!

페도찌꼬 '또 만나요'가 아니라 안녕히, 우리는 다시 만나지 못할 겁니다!

꿀르이긴 그건 모르지! (눈물을 닦으며 미소 짓는다.) 나까지 눈물이 나네.

이리나	언젠가는 만날 거예요.
페도찌꼬	10년, 15년 후? 하지만 그때는 서로 잘 알아보지도 못하면서 어색하게 인사하겠죠... (사진을 찍는다.) 서 보세요... 마지막으로 한 번 더.
로데	(뚜젠바흐를 안으며) 다신 못 볼 거야... (이리나의 손에 입 맞춘다.) 여러 가지로 고마웠어요, 모두 다.
페도찌꼬	(짜증내며) 가만히 있어 봐요!
뚜젠바흐	다시 만날 수 있기를. 우리한테 편지 써요. 바로 써요.
로데	(정원을 돌아 본다.) 안녕, 나무들아! (소리친다) 어-이!

사이.

메아리도 안녕!

꿀르이긴	거기 폴란드에서 장가가면 어쩌나... 폴란드인 아내가 끌어 안고 "내 사랑"이라고 말하겠지. (웃는다.)
로데	마리야 세르게예브나 씨는 어디 계시죠?
꿀르이긴	마샤는 정원에.
페도찌꼬	마리야 씨와도 인사를 해야 되는데.
로데	안녕히계세요. 가야겠어요, 안 그랬다간 눈물 나겠어... (뚜젠바흐와 꿀르이긴을 급히 안았다가 이리나의 손에 입을 맞춘다.) 여기서 잘 지냈습니다.
페도찌꼬	(꿀르이긴에게) 이건 기념으로 드리는 겁니다... 연필과 수첩입니다. 우리는 여기서 강 쪽으로 가겠습니다.

멀어져 가며 두 사람이 뒤를 돌아본다.

로데   (소리친다.) 어-이!
꿀르이긴 (소리친다.) 잘 가시게!

무대 안쪽에서 페도찌끄와 로데가 마샤와 만나 작별인사를 한다. 마샤는 두 사람과 함께 나간다.

이리나   떠났어... (테라스 아래쪽 계단에 앉는다.)
체부뜨이긴 나와 인사하는 건 잊어버렸군.
이리나   그러는 아저씨는요?
체부뜨이긴 그렇군, 나도 잊어버렸네. 뭐 곧 다시 볼 거니까, 나도 내일 떠나. 그래... 아직 하루가 남았군. 1년 뒤에 퇴직하면 다시 여기로 와서 그대들과 여생을 보낼 거야... 은퇴할 때까지 딱 1년 남았어... (신문을 주머니에 집어넣고 다른 신문을 꺼낸다.) 여기 다시 오면 삶을 완전히 바꿀 거야. 조용하고 바람... 바람직하고, 품위 있게...
이리나   정말 생활을 좀 바꾸셔야 돼요, 아저씨. 어떻게든 바꿔야 해요.
체부뜨이긴 그래. 나도 느껴요. (나지막하게 흥얼거린다.) 따라라... 붐비야... 나는 길가의 돌에 걸터앉아...
꿀르이긴 구제불능이에요, 이반 로마느이치 선생은! 구제 불능!
체부뜨이긴 우리 꿀르이긴 선생님께 배워야겠네. 그러면 고쳐질 텐데.

이리나	형부 콧수염 깎았네요. 못 봐주겠어요!
꿀르이긴	뭐 어때서?
체부뜨이긴	지금 당신 얼굴이 뭘 닮았는지 말해주고 싶지만 그냥 관두겠네.
꿀르이긴	무슨 그런 말씀을! 관례 같은 거죠, 이게 Modus vivendi(관례)입니다. 우리 교장 선생님이 콧수염을 깎았어요, 그래서 나도 장학사가 되자마자 콧수염을 밀어 버렸지요. 아무도 좋아하지 않아도, 전 상관없어요. 난 만족합니다. 콧수염이 있건 없건, 난 똑같이 만족해요... (앉는다.)
이리나	이반 로마느이치 아저씨, 우리 아저씨, 저는 너무 걱정돼요. 어제 산책로에 다녀오셨죠, 어제 거기서 무슨 일이 있었던 거예요?
체부뜨이긴	무슨 일이 있었냐고? 아무 일도 없었어. 별일 아니야. (신문을 읽는다.) 아무렴 어때!
꿀르이긴	사람들이 그러는데 솔료느이와 남작이 어제 극장 근처 가로수길에서 만났다고 하던데...
뚜젠바흐	그만하세요! 그게 뭐라고, 정말... (손을 내저으며 집 안으로 들어간다.)
꿀르이긴	극장 근처에서... 솔료느이가 남작에게 시비를 걸었는데 남작이 참지 못하고 무슨 욕을 했다는데...
체부뜨이긴	나는 모른다니까. 다 헛소리야.
꿀르이긴	어떤 신학교에서 선생이 작문시간에 'чепуха(헛소리)'라고 써 놓았는데 학생이 '레니크사(renyxa)'라고 읽었지 –

라틴어로 썼다고 생각한 모양이야... (웃는다.) 정말 웃기지요. 사람들 얘기로는 솔료느이가 이리나를 사랑해서 남작을 증오하는 것 같다더군요... 그럴 만도 하지요. 이리나는 정말 훌륭한 아가씨니까. 처제는 마샤를 닮기도 했지요, 생각에 잘 잠기는 게. 다만 이리나 성격이 더 부드럽죠. 하기야 마샤 성격도 정말 좋지. 나는 마샤를 사랑해요.

무대 뒤 안쪽 정원에서 들리는 소리. '여기! 어-이!'

이리나   (몸을 떤다.) 왠지 오늘은 모든 게 무섭네요.

사이.

난 이미 모든 준비를 끝냈어요. 점심 먹고 짐을 부칠 거예요. 남작님과 내일 결혼식을 올리고, 내일 곧장 벽돌공장으로 갈 거예요. 그리고 모레에는 난 이미 학교에 있을 거고, 새로운 인생이 시작되는 거죠. 하느님께서 도와주시기를! 교사자격 시험을 칠 때 너무 기쁘고 감사해서 울었다니까요...

사이.

이제 마차가 짐을 실으러 올 텐데...

꿀르이긴 그야 뭐 그렇겠지만, 다만 어쩐지 이 모든 게 신중치 못해. 생각만 앞서고 진지함이 부족하달까. 어쨌거나 진심으로 잘되길 바랄게.

체부뜨이낀 (감동하여) 사랑스러운 아가씨, 훌륭하고 귀한 우리 아가씨... 따라갈 수 없을 만큼 멀리 떠나가는구나. 남은 나는 너무 늙어 날 수 없는 철새 같군. 우리 아가씨, 신의 은총이 함께하기를!

사이.

괜한 짓이야, 표도르 일리치 선생. 콧수염 깎은 것 말이오.

꿀르이긴 그만 좀 하세요! (한숨 쉰다.) 오늘 군인들이 떠나고 나면, 모든 게 다시 예전처럼 흘러가겠지. 사람들이 뭐라고 하건 간에 마샤는 착하고 정직한 여자입니다. 나는 마샤를 매우 사랑하고 내 운명에 감사하고 있습니다. 사람의 운명은 각양각색이죠... 세무서에 꼬즈이레프라는 친구가 있어요. 나와 같은 학교를 다녔는데 5학년 때 콘세쿠티붐(ut consecutivum)을 도무지 이해 못한다고 퇴학당했지요. 지금은 찢어지게 가난하고 병들었는데, 제가 그 친구를 만날 때마다 '안녕, 콘세쿠티붐!'이라고 하면 꼭 콘세쿠티붐이라고 하며 기침을 하는 겁니다. 그런데 나는 평생 운이 좋아 스따니슬라프 2등 훈장도 받고 지금은 다른 사람에게 콘세쿠티붐을 가르치고 있으니 행복합니다. 물론 나는 똑똑한, 웬만한 사람보다 더 똑똑한 사람이지만, 행복이 거기에 있는 건 아니죠...

집안에서 '소녀의 기도'를 피아노로 연주하는 소리가 들린다.

이리나   내일 저녁이면 난 저 '소녀의 기도'를 듣지 않아도 되고 쁘로또쁘뽀프와 마주칠 일도 없겠죠...

사이.

그런데 쁘로또뽀뽀프가 저기 응접실에 앉아 있네요. 오늘도 오셨군...

꿀르이긴   교장 선생님은 아직 안 오셨나?

이리나   아직이요. 언니를 부르러 사람을 보냈어요. 이 집에서 혼자서, 올랴 언니도 없이 사는 게 얼마나 힘든지 형부는 모르실 거예요. 언니는 학교에서 지내요. 교장 선생님이라 하루 종일 일하느라 바쁘죠. 그런데 나는 혼자 있어요, 따분하게, 할 일도 없어요. 그리고 내가 지내는 방도 너무 싫어요... 그래서 마음먹었죠, 모스끄바에 갈 수 없는 운명이라면 뭐 어쩔 수 없다고요. 숙명인 거예요. 할 수 있는 게 없는 거죠... 모든 것이 신의 뜻이니까요, 정말 그래요. 니꼴라이 르보비치 씨가 청혼을 했지 뭐에요... 어쩌겠어요? 잠깐 생각해보고 결정을 내렸죠. 남작님은 좋은 분이에요, 놀랄 만큼 정말 좋은 분이죠... 갑자기 제 영혼에 날개 같은 것이 돋으면서 신이 났어요. 마음이 가벼워지고 다시 일하고 싶어졌어요, 일이요... 그런데 어제 무슨 일이 일어나고선 무언가 비밀스러운 일이 제게 다가오고 있어요...

체부뜨이낀 레니크사. 헛소리라고.
나따샤 (창밖으로) 교장 선생님!
꿀르이긴 교장 선생님이 오셨네. 갑시다.

이리나와 함께 집으로 들어간다.

체부뜨이낀 (신문을 읽으며 나직하게 흥얼거린다.) 따라라... 붐비야... 나는 길가의 돌에 걸터앉아...

마샤가 다가온다. 무대 안쪽에서 안드레이가 유모차를 밀고 있다.

마샤 여기 앉아 계시는군요, 편하게 앉아 계시네요...
체부뜨이낀 왜?
마샤 (앉는다.) 아무것도 아니에요...

사이.

우리 어머니를 사랑하셨죠?

체부뜨이낀 많이.

마샤 어머니도 아저씨를 사랑했나요?

체부뜨이낀 (잠시 말이 없다가) 그건 이제는 기억이 안 나는구나.

마샤 내 그이 여기 있나요? 언젠가 우리 집 요리사 마르파가 자기 경찰 남편을 그렇게 부르더라고요, 내 그이라고. 내 그이 여기 있어요?

체부뜨이낀 아니.

마샤 가끔씩, 찔끔찔끔 행복을 느끼다가 그 행복을 빼앗기면 저처럼 조금씩 거칠어지면서 분노하게 되죠. (자신의 가슴을 가리킨다.) 여기가 부글부글 끓어요… (유모차를 밀고 있는 안드레이를 바라보며) 저기 안드레이 오빠네요, 우리 오빠… 모든 희망이 사라졌어요. 수천 명의 사람들이 종을 세웠어요, 엄청난 노동과 돈을 들였죠. 그런데 갑자기 종이 떨어지더니 깨져 버린 거예요. 갑자기 아무 이유도 없이. 바로 그게 안드레이 오빠예요.

안드레이 도대체 언제쯤 이 집은 조용해지려나. 시끄럽네.

체부뜨이낀 곧. (시계를 보고 나서 태엽을 감는다. 종이 울린다.) 1중대, 2중대, 5중대가 한 시 정각에 떠날 텐데.

사이.

그리고 나는 내일 떠날 거야.

안드레이	아주 떠나시는 거예요?
체부뜨이낀	모르지. 아마도 1년 뒤에 돌아올지도. 하기야 누가 알겠어... 아무렴 어때...

멀리서 하프와 바이올린을 연주하는 소리가 들린다.

안드레이   도시가 텅 비겠군. 도시에 뚜껑을 덮어 놓은 거 같겠어.

사이.

어제 극장 근처에서 무슨 일이 일어났다고 다들 이야기 하던데, 나만 모르고 있어요.

체부뜨이낀 아무것도 아니야. 바보같은 짓이지. 솔료느이가 남작에게 시비를 걸었는데 남작이 욱해서 솔료느이에게 모욕을 준 거야. 그러다 결국 솔료느이가 남작에게 결투를 신청하지 않을 수 없었지. (시계를 본다.) 슬슬 시간이 된 거 같네... 열두 시 반에 공유림에서, 강 건너 보이는 저기서... 탕-탕. (웃는다.) 솔료느이는 자신이 레르몬또프라고 상상하고 심지어 시까지 쓴다네. 그건 그렇고 그 친구 이미 세 번째 결투라는데.

마샤   누가요?

체부뜨이낀 솔료느이.

마샤   남작님은요?

체부뜨이낀 남작은 뭐?

마샤 머릿속이 뒤죽박죽이에요... 어쨌든, 결투를 하게 두면 안 돼요. 솔료느이가 남작님을 다치게 하거나 어쩌면 죽일 수도 있어요.

체부뜨이낀 남작은 좋은 사람이지만, 남작이 한 사람 더 있건, 한 사람 덜 있건 어차피 마찬가지잖아? 내버려 둬! 아무렴 어때!

정원 너머로 외치는 소리. '여기! 어-이!'

잠깐만. 이건 스끄보르쬬프가 외치는 소리인데, 결투 입회인이야. 보트에 타고 있어.

사이.

안드레이 내 생각에는, 결투에 참여한다든가 입회하는 건, 아무리 의사 자격이라고 해도 정말 부도덕한 일입니다.

체부뜨이낀 그냥 그렇게 보일 뿐이야... 이 세상에는 아무것도 없어, 우리는 없어. 우리는 존재하지 않아, 다만 존재하는 것처럼 보일 뿐이지... 어떻게 되든 다 마찬가지야!

마샤 그저 하루 종일 말하고, 말하고... (걸어간다.) 금세라도 눈이 올 것 같은 이런 날씨 속에 살면서, 여기서 이런 대화라니... (멈춰 서며) 집에 안 갈 거야. 집에 갈 수가 없어... 베르쉬닌 중령님이 오시면 나에게 말해 주세요... (오솔길을 따라 걷는다.) 철새가 벌써 날아가네... (위를 바라본다.) 백조일까 거위일까... 사랑스러운 행복한 새들... (나간다.)

안드레이 집이 텅 비겠군. 장교들도 떠나고, 의사 선생님도 떠나시고, 이리나도 결혼하고 나면 나 혼자 집에 남겠네.

체부뜨이낀 아내는?

페라뽄뜨가 서류를 들고 들어온다.

안드레이 아내는 아내니까. 나따샤는 정직하고 반듯하고, 뭐, 착한 여자지만, 그럼에도 불구하고 자신을 천박하고 어리석은, 뭐랄까 거친 동물처럼 보게 만드는 뭔가가 있어요. 어쨌든 사람이 아니에요. 의사 선생님께 친구로서, 선생님이 내 마음을 터놓을 수 있는 유일한 사람이라서 말씀드리는 겁니다. 나따샤를 사랑해요, 그렇습니다. 하지만 가끔 아내는 깜짝 놀랄 만큼 속물 같아 보여서, 그럴 때면 나는 어찌할 바를 모르겠어요. 내가 왜 그녀를 사랑하는지, 아니, 왜 사랑했었는지 이해할 수 없게 돼요.

체부뜨이낀 (일어난다.) 이보게, 나는 내일 떠나네, 아마도 다시 못 만날 것 같으니 충고 하나 하겠네. 모자를 쓰고, 지팡이를 손에 들고 떠나게... 떠나서 걷는 거야, 뒤도 돌아보지 말고 걸어 가는 거야. 멀리 갈수록 더 좋아.

솔료느이가 두 명의 장교와 함께 무대 안쪽으로 지나간다. 체부뜨이낀을 보고 그에게 다가간다. 장교들은 멀어진다.

솔료느이 의사 선생님, 시간이 됐습니다! 벌써 열두 시 반입니다. (안드레이와 인사한다.)

체부뜨이낀 곧 가겠네. 정말 귀찮게 하는구만. (안드레이에게) 누가 나를 찾거든, 안드류샤, 자네가 말 좀 해주게, 내가 곧... (한숨 쉰다.) 에휴휴!

솔료느이 으악 하고 소리 지를 새도 없이 곰은 이미 그에게 달려들었지요. (체부뜨이낀과 함께 걸어간다.) 어찌 그렇게 쉰소리를 내시오, 영감님?

체부뜨이낀 허!

솔료느이 건강은 어떠십니까?

체부뜨이낀 (화가 나서) 건강이 어떻기는.

솔료느이 노인들은 괜한 걱정을 하지요. 내가 할 건 별 거 없어요, 그저 새 한 마리 잡듯이 쏘는 거죠. (향수를 꺼내 팔에 뿌린다.) 오늘 향수 한 병을 다 들이부었는데도 손에서 냄새가 나요, 꼭 시체 냄새 같아.

사이.

그런데... 그 시 기억하세요? 그는, 미친 듯, 폭풍을 갈구한다, 폭풍 속에 평화가 있는 것처럼...

체부뜨이낀 알지. 으악 하고 소리 지를 새도 없이 곰은 이미 그에게 달려들었다네. (솔료느이와 함께 나간다.)

고함소리가 들린다. '어이! 여기!' 안드레이와 페라뽄뜨가 들어온다.

페라뽄뜨 서류에 서명을 해주셔야 하는데...
안드레이 (신경질적으로) 날 좀 내버려 두게! 내버려 둬! 제발! (유모차를 끌고 나간다.)
페라뽄뜨 여기 이 종이 위에 서류만 하시면 되는데. (무대 안쪽으로 간다.)

이리나와 밀짚모자를 쓴 뚜젠바흐가 들어온다. 꿀르이긴이 '여기, 마샤, 여기' 하고 외치며 무대를 가로지른다.

뚜젠바흐 저 양반은, 아마도, 이 도시에서 군대가 떠나는 게 기쁜 유일한 사람일 거야.
이리나 그럴 만도 하지요.

사이.

우리 도시는 이제 텅 비겠군요.
뚜젠바흐 내 사랑, 금방 돌아오겠소.
이리나 어디 가세요?

뚜젠바흐 시내에 가서... 동료들을 보내야지.
이리나 거짓말이죠... 니꼴라이, 오늘 왜 이렇게 넋이 나가 있어요?

사이.

어제 극장 근처에서 무슨 일이 있었던 거예요?

뚜젠바흐 (안절부절 못하면서) 한 시간 뒤에 돌아와서 당신과 함께 있겠소. (이리나의 두 손에 입 맞춘다.) 내 사랑... (이리나의 얼굴을 들여다본다.) 당신을 사랑한 지 벌써 5년이 흘렀는데, 여전히 새롭고 당신은 내 눈에 더욱더 아름다워 보이는군요. 이 아름답고 매혹적인 머리칼! 그 눈! 내일 내가 당신을 데려가면 우리는 함께 일해서 부자가 될 거요, 나의 꿈도 되살아나고. 당신은 행복해질 거요. 다만 한 가지, 단 한 가지 문제는 당신이 나를 사랑하지 않는다는 것!

이리나 그건 내 힘으로 할 수 있는 게 아니에요.! 나는 당신의 아내가 될 거예요. 믿을 수 있는, 그리고 순종적인 아내, 하지만 사랑은 없어요. 어쩔 수 없어요! (운다.) 나는 살면서 한 번도 사랑해 본 적이 없어요. 아, 그렇게 사랑을 꿈꿔 왔는데, 아주 오래전부터, 밤낮으로 꿈꿔 왔지만 내 영혼은 굳게 닫힌 채 열쇠를 잃어버린 값비싼 피아노 같아요.

사이.

당신, 근심 있는 눈빛이네요.
뚜젠바흐 밤새 잠을 못 잤어요. 살면서 이처럼 나를 두렵게 만든 건 없었어요. 그 잃어버린 열쇠가 내 마음을 찢어 놓고 날 잠 못 이루게 하지... 뭐라도 이야기해 봐요.

사이.

나에게 무슨 말이라도 해 봐요...
이리나 무슨 얘기? 무슨 얘기요? 주변이 모두 신비로워요, 고목들이 서 있네요, 침묵하네요... (그의 가슴에 머리를 기댄다.)
뚜젠바흐 뭐라도 이야기해 줘요.
이리나 무슨 얘기요? 무슨 얘기를 하죠? 뭘요?
뚜젠바흐 뭐라도.
이리나 그만! 그만둬요!

사이.

뚜젠바흐 쓸모없고 보잘것없는 일들이 가끔은 살면서 갑자기 의미를 갖게 되지요, 갑자기, 아무 이유없이. 여전히 그런 것들을 비웃으며 하찮게 여기면서, 그러면서도 계속하고,

자신에게는 그걸 멈출 수 있는 힘이 없다는 것을 느끼는 거죠. 오, 이런 이야기는 그만둡시다. 나는 기뻐요. 난 마치 난생 처음 이 전나무와 단풍나무, 자작나무를 보는 것 같아요. 그리고 이 모든 것들이 호기심에 차서 나를 지켜보며 기다리고 있어요. 나무들이 이토록 아름다운데, 사실, 그 옆에 사는 삶은 얼마나 아름답겠어요!

고함 소리가 들린다. '여기! 어-이!'

가야겠어요, 시간이 됐어요. 여기 이 나무는 말라버렸지만 그래도 여전히 다른 나무들과 함께 바람에 흔들리는군요. 그러니 만약 내가 죽더라도, 여전히 나는 어떤 식으로든 당신의 삶에 함께하게 될 거예요. 안녕, 내 사랑... (손에 입 맞춘다.) 당신이 내게 준 서류는 내 책상 위에 있어요. 달력 밑에.

이리나   나도 당신과 같이 갈래요.
뚜젠바흐   (긴장하며) 안 돼, 안 돼요! (서둘러 가다가 오솔길에서 멈춘다.) 이리나!
이리나   네?
뚜젠바흐   (무슨 말을 해야 할지 몰라 하며) 오늘 커피를 안 마셨어요. 커피 좀 끓여 놓으라고 전해 줘요... (서둘러 나간다.)

생각해 볼 문제

- 이리나는 어떻게 삶을 변화시키기로 결정하였습니까?
- 마샤의 슬픔은 무엇입니까?
- 마샤는 왜 «금새라도 눈이 올 것 같은 이런 날씨 속에 살면서, 여기서 이런 대화라니...»라고 이야기하고 있습니까?
- 안드레이와 체부뜨이낀은 무슨 이야기를 하고 있습니까? 체부뜨이낀이 안드레이에게 어떤 조언을 하였습니까?
- 체부뜨이낀은 남작에 관하여 무슨 이야기를 하고 있습니까?
- 극장 근처에서 무슨 일이 일어났습니까?
- 이리나는 뚜젠바흐를 사랑합니까?
- 이리나와 남작의 대화를 어떻게 이해하였습니까? 남작이 듣고 싶은 이야기는 무엇이었습니까?
- 뚜젠바흐는 왜 이리나에게 서류가 어디에 있는지 이야기하였습니까?
- 솔료느이는 왜 손에 계속 향수를 뿌렸습니까?

***

이리나는 생각에 잠겨 서 있다가 무대 안쪽으로 간다. 그리고 그네에 앉는다. 안드레이는 유모차를 끌며 들어오고, 페라뽄뜨의 모습이 보인다.

페라뽄뜨 안드레이 세르게이치 나리, 이 서류는 제 것이 아니에요, 공문이에요. 제가 만든 것이 아니란 말입니다.

안드레이 오, 나의 과거는 어디로 가 버렸을까, 그때의 나는 젊고, 쾌활하고, 현명했는데, 그땐 꿈이 있었고 멋진 생각들을 했는데, 그땐 나의 현재와 미래가 희망으로 빛났지. 어째서 우리는 인생을 시작하기가 무섭게 따분하고, 지치고, 재미없고, 게으르고, 무관심하고, 무익하고 불행해지는 걸까… 우리 도시는 이백 년이나 존재했고 이 도시에는 십만 명의 주민이 살고 있지만 어떤 한 사람도 특별하지 않아, 예나 지금이나 위인 하나 없지, 학자도 없고, 예술가도 없고, 질투가 난다거나 닮고 싶다는 생각이 조금이라도 드는 특별한 사람이 없어. 그저 먹고, 마시고, 자고, 그러다 죽어가고… 다른 인간들이 태어나도 또 먹고, 마시고, 자고, 그러고는 따분함에 지쳐 무기력해질까 봐 역겨운 구설수나 보드까, 카드 놀음에 소송 따위로 삶에 변화를 주지. 아내는 남편을 속이고, 남편은 거짓말을 하면서 아무것도 못 본 척, 아무것도 못 들은 척하는 거야. 그 하잘것없는 권위로 아이들을 압박하고 아이들의 재능을

꺾어 버린다고. 그리고 그 아이들이 다시 그렇게 보잘것없이 그놈이 그놈인 산송장이 되어 가는 거야... 자기 아비, 어미처럼... (페라뽄뜨에게 화를 내며) 무슨 일이야?

페라뽄뜨 네? 서류에 서명하시라고요.

안드레이 정말 질리게 하는군.

페라뽄뜨 (서류를 건네며) 아까 시의회 수위가 그러는데... 듣자하니 겨울에 뻬쩨르부르그 기온이 영하 200도까지 내려간 것 같다네요.

안드레이 현재는 지긋지긋하지만 미래를 생각하면 기분이 좋아져! 마음이 가벼워지고 탁 트여, 멀리 불빛이 반짝이고, 자유가 보여 나와 내 아이들이 나태와 끄바스와 양배추를 곁들인 거위 요리와 점심 식사 후의 낮잠과, 비열한 무위로부터 자유로워지는 게 보여...

페라뽄뜨 이천 명이 얼어죽었다던가. 사람들이 공포에 떨었답니다. 뻬쩨르부르그였던가 아니면 모스끄바였던가, 그게 잘 기억이 안 나요.

안드레이 (애정어린 감정에 휩싸여) 사랑하는 나의 동생들, 멋진 내 동생들! (눈물을 글썽이며) 마샤, 내 동생...

나따샤 (창문에서) 누가 이렇게 큰 소리로 떠드는 거지? 안드류샤, 당신이에요? 소포치까가 깨겠어요. Il ne faut pas faire du bruit, la Sopfie est dormee deja. Vous etes un ours(떠들지 말아요, 소피가 벌써 자고 있잖아요, 이런 곰 같은 사람!). (화가 나서) 그렇게 얘기가 하고 싶으면 유모차를 다른 사람에게 맡겨 버려요. 페라뽄뜨, 나리한테서 유모차를 받아!

유랑 악사인 두 남녀, 바이올린과 하프를 연주한다.
베르쉬닌과 올가, 안피사 집에서 나와 한동안 말없이 음악을 듣는다.
이리나가 다가온다.

올가   우리 집 정원은 통로라도 되는 것처럼 사람이나 마차나 다 지나다니네. 유모, 악사들에게 뭐라도 좀 줘!..
안피사   (악사들에게 준다.) 가시게나, 이 사람들아.

악사들이 인사를 하고 떠난다.

         딱한 사람들. 배가 부르면 저 짓도 안 할 텐데. (이리나에게) 안녕, 아리샤 아가씨! (이리나에게 입 맞춘다.) 아이고, 우리 아가씨, 저 이렇게 살아요! 이렇게 살고 있어요! 김나지움 관사에서 올류쉬까 아가씨랑 함께요. 아가씨, 말년은 하느님이 이렇게 정해 주셨네요. 저 같은 죄인이 생전 이렇게 살아본 적이 없는데... 커다란 관사에 내 방과 내 침대도 있지요. 전부 나라에서 준 거예요. 한밤중에 잠이 깨면, 오, 하느님, 성모님, 나보다 더 행복한 사람은 없어요!
베르쉬닌   (시계를 보고) 이제 가야겠어요, 올가 세르게예브나. 시간이 되었네요.

사이.

여러분 부디, 부디... 그런데 마리야 세르게예브나 씨는 어디 계시죠?

이리나 언니는 정원 어디 있을 거예요... 제가 가서 찾아볼게요.
베르쉬닌 부탁합니다. 제가 서둘러야 해서요.
안피사 저도 가서 찾아볼게요. (소리친다.) 마셴까 아가씨, 여기!

이리나와 함께 정원 안쪽으로 들어간다.

여기요! 여기요!

베르쉬닌 모든 일에는 끝이 있습니다. 이렇게 우리도 헤어지게 되네요. (시계를 본다.) 시에서 우리에게 조찬 같은 것을 차려 주었어요. 샴페인도 마시고 시장이 연설도 했어요. 저는 식사를 하면서 듣고 있었지만, 마음은 여기, 당신 집에 있었어요. (정원을 둘러본다.) 여러분과 정이 들어 버렸군요.
올가 언젠가 다시 만나겠죠?
베르쉬닌 아마도, 힘들겠죠.

사이.

　　　　　아내와 딸아이들이 여기서 두 달 더 머물 거예요. 무슨 일이 생기거나 도움이 필요하면 좀...
올가　네, 네 그럼요. 걱정 마세요.

사이.

　　　　　내일이면 이 도시에 군인이라곤 한 명도 없겠군요. 모든 게 추억이 되고, 물론 우리에겐 새로운 삶이 시작되겠죠...

사이.

　　　　　모든 일이 우리 뜻대로 되지 않네요. 저는 교장이 되기 싫었지만 결국 교장이 되어 버렸어요. 모스끄바에는, 못 간다는 의미죠...
베르쉬닌　자... 여러모로 고마웠습니다. 저를 용서하세요, 제가 혹시라도 뭔가 실수를... 많이, 제가 말을 너무 많이 했네요. 이것도 죄송합니다, 안녕히 계세요.
올가　(눈물을 닦는다.) 마샤는 왜 안 오는 거야...
베르쉬닌　작별인사로 또 무슨 이야기를 할 수 있을까요? 뭔가 철학적인 이야기를 해 볼까요?.. (웃는다.) 삶은 고달프지요.

삶은 우리 대다수에게 암담하고 절망적으로 보입니다. 그러나 어쨌든 인정해야 합니다, 삶은 더 명확하고 편안해지고 있다는 것을요, 그리고 아마도 머지않아 인생이 완전히 밝아질 겁니다. (시계를 본다.) 시간이 되었군요, 가야겠어요! 예전에 인류는 전쟁을 치르느라 자신의 존재를 원정이나, 습격, 승리 같은 것들로 채웠다면 이제 이 모든 것들은 의미를 잃었지요, 아직은 다른 무엇으로도 채워지지 않은 거대한 빈 공간만 남긴 채. 인류가 열심히 찾고 있으니, 당연히 찾게 되겠죠. 아, 더 빨라질 수도 있겠군요!

사이.

근면에 교양을 더하고, 교양에 근면을 더할 수만 있다면 말입니다. (시계를 본다.) 저는, 그런데, 가야겠군요...

올가 저기 마샤가 오네요.

마샤가 들어온다.

베르쉬닌 작별 인사를 하러 왔습니다.

올가가 작별인사를 방해하지 않으려고 옆으로 살짝 비켜선다.

마샤 (베르쉬닌의 얼굴을 바라본다.) 잘 가요...

긴 입맞춤.

올가 이제 그만, 그만해...

마샤가 격하게 흐느낀다.

베르쉬닌 편지 써요... 잊지 말아요! 날 보내 줘요, 가야 합니다... 올가 세르게예브나, 마샤를 좀 잡아 주세요. 저는 이제... 시간이... 늦었어요... (눈가가 젖어, 올가의 손에 입을 맞춘 뒤 다시 한번 마샤를 껴안고는 급히 떠난다.)

올가 이제 그만, 마샤! 그만해, 얘야...

꿀르이긴이 들어온다.

꿀르이긴 (당황하며) 괜찮아요, 울게 놔둬요, 놔둬... 예쁜 나의 마샤, 착한 나의 마샤... 당신은 내 아내고, 나는 행복해, 무슨 일이 있었든... 나는 당신에게 불평하지도, 아무런 비난도 하지 않을 거요... 바로 여기 올가가 증인이야... 다시 예전처럼 삽시다, 당신에게 한마디도, 어떤 말도 안 할 거야...

마샤 (울음을 참으며) 굽이진 바닷가에 초록빛 떡갈나무, 떡갈나무 위에 걸린 황금빛 사슬... 떡갈나무 위에 걸린 황금빛 사슬... 나 미치겠어... 굽이진 바닷가... 초록빛 떡갈나무...

올가 진정해, 마샤... 진정해... 마샤한테 물 좀 가져다 줘요.
마샤 이제 안 울 거야...
꿀르이긴 마샤, 이제 안 울어요... 착한 마샤...

멀리서 희미하게 총성이 들린다.

마샤 굽이진 바닷가에 초록빛 떡갈나무, 떡갈나무 위에 걸린 황금빛 사슬... 초록빛 고양이... 초록빛 떡갈나무... 헷갈리네... (물을 마신다.) 실패한 인생이야... 이제 난 아무것도 필요 없어... 금방 진정될 거야... 아무렴 어때... 굽이진 바닷가가 뭐지? 왜 이 단어가 머릿속을 맴돌지? 머릿속이 뒤죽박죽이야.

이리나가 들어온다.

올가 진정해, 마샤, 그래, 착하지... 방으로 가자.
마샤 (화가 나서) 거긴 안 갈래. (흐느끼다가 곧 그친다.) 집에는 이제 안 올래, 안 갈 거야...
이리나 잠깐 같이 앉아 있자, 말은 하지 않더라도. 나 내일 떠나잖아...

사이.

나따샤가 들어온다.

나따샤 (하녀에게) 뭐? 소포치까는 쁘로또뽀뽀프씨가 봐주면 되고, 보비끄는 안드레이한테 유모차를 태워 주라고 하면 되잖아. 아이들 보는 게 얼마나 피곤한데... (이리나에게) 이리나 아가씨, 내일 떠난다니 정말 서운해요. 일주일만이라도 더 있지. (꿀르이긴을 보고 비명을 지른다. 꿀르이긴이 웃으며 콧수염과 턱수염을 떼어 낸다.) 어쩜, 이렇게 사람을 놀라게 해요! (이리나에게) 아가씨와 정이 들었는데 헤어져야 한다니, 생각해 보세요, 내 마음이 편하겠어요? 안드레이에게 바이올린을 들고 아가씨 방으로 가라고 할 거예요. 거기서 깽깽거리라지!. 그리고 안드레이 방에는 소포치까가 들어가고. 정말 예쁘고 경이로운 아이예요. 어쩜 그런 꼬마 아가씨가! 오늘은 그 눈으로 나를 보고는 그러질 않겠어, "엄마"!

꿀르이긴 예쁜 아이예요. 그건 확실해.

나따샤 그럼 내일이면 나는 여기 혼자 남겠네요. (한숨 쉰다.) 무엇보다도 이 전나무 가로수를 베어 버리라고 해야겠어요, 그 다음엔 이 단풍나무도. 저녁만 되면 정말 흉측해... (이리나에게) 아가씨, 이 벨트는 아가씨에게 전혀 어울리지 않아요... 촌스러워... 뭔가 좀 밝은 걸 매셔야죠. 그리고 여기는 꽃을 가득 심으라고 일러야겠어, 꽃을, 그럼 향기가 나겠지... (엄하게) 왜 여기 벤치 위에 포크가 굴러다니는 거지? (집으로 들어가면서, 하녀에게.) 왜 여기 벤치 위에 포크가 굴러다니냐고 묻잖아! (소리친다.) 말대꾸하지 마!

꿀르이긴 또 폭발하셨군!

무대 뒤로 행진곡이 연주된다. 모두 귀를 기울인다.

올가 떠나네요.

체부뜨이낀이 들어온다.

마샤 우리 사람들이 떠나는군요. 뭐 어쩌겠어... 행복한 여행이 되기를! (남편에게) 집에 가야죠... 내 모자와 코트는 어디 있지?
꿀르이긴 내가 집 안에 들여다 놓았어... 금방 가져올게. (집으로 간다.)
올가 그래, 이제 다들 집에 가도 되겠지. 갈 시간이야.
체부뜨이낀 올가 세르게예브나!
올가 왜요?

사이.

왜요?

체부뜨이낀 아무것도 아냐... 어떻게 이야기해야 할지 모르겠군... (올가의 귀에 대고 속삭인다.)

올가 (깜짝 놀라서) 말도 안돼!

체부뜨이낀 그래... 그렇게 됐어... 난 너무 괴롭고 힘들어서 더 이상 아무말도 하고 싶지 않아... (짜증을 내며) 하기야, 아무렴 어때!

마샤 무슨 일이야?

올가 (이리나를 껴안는다.) 최악의 날이구나... 어떻게 말해줘야 할지 모르겠어, 내 동생...

이리나 뭔데? 빨리 말해, 뭐야? 설마! (운다.)

체부뜨이낀 방금 결투에서 남작이 죽었어요.

이리나 (조용히 운다.) 난 이럴 줄 알았어... 알고 있었다고...

체부뜨이낀 (무대 안쪽에 있는 벤치에 앉는다.) 지쳤어... (주머니에서 신문을 꺼낸다.) 울게 둬... (나직하게 흥얼거린다.) 따-라-라-붐비야... 나는 길가의 돌에 걸터앉아... 아무렴 어때!

세 자매는 서로에게 기대 서 있다.

마샤 저 행진곡 소리 좀 들어봐! 사람들은 우리를 떠나고, 한 사람은 완전히, 아주 영원히 떠나 버렸어. 그리고 우리는 여기 남아서 다시 우리의 삶을 시작해야 돼. 살아야 돼...

　　　　　　살아야 돼…

이리나　(올가의 가슴에 머리를 기댄다.) 이 모든 일이 무엇 때문인지, 무엇을 위해 이런 고통을 겪는지, 어떤 비밀도 남지 않는 그런 때가 올 거야. 그때까지는 살아가야 해… 일을 해야 해, 일을! 내일 나는 혼자 떠날 거야. 학교에서 아이들을 가르치고, 할 수만 있다면, 나를 필요로 하는 이들에게 내 모든 삶을 바칠 거야. 지금은 가을이니, 곧 겨울이 오고 눈이 쌓이겠지. 하지만 난 일할 거야, 일을 할 거야…

올가　(두 동생을 끌어 안는다.) 행진곡 소리가 저렇게 즐겁고 힘차니, 살고 싶어져! 아, 하느님! 세월이 흘러 우리가 영영 떠나면 우리를 잊겠지, 우리 얼굴, 목소리, 또 우리가 몇 명이었는지 다 잊혀질 거야. 하지만 우리의 고통이 우리 이후에 살아갈 사람들을 위한 기쁨으로 바뀔 거야. 이 땅에 행복과 평화가 찾아오고, 지금의 우리를 따스한 말로 기억하면서 우리에게 감사할 거야. 아, 사랑하는 내 동생들아, 우리의 인생은 아직 끝나지 않았어. 살아가는 거야! 행진곡 소리도 저렇게 밝고 즐겁잖니, 우리가 왜 사는지, 왜 고통을 받는지 조금이라도 알게 될 거야… 그걸 알 수만 있다면, 알 수만 있다면!

음악이 점점 잦아든다. 신이 난 꿀르이긴이 미소 지으며 모자와 코트를 들고 온다.

안드레이는 보비끄가 탄 유모차를 끈다.

체부뜨이낀 (나직하게 흥얼거린다.) 따라-라-붐비야... 나는 길가의 돌에 걸터앉아... (신문을 읽는다.) 아무렴 어때! 아무렴 어때!

올가 그걸 알 수만 있다면, 알 수만 있다면!

막.

생각해 볼 문제

- 안드레이의 독백을 다시 읽어 봅시다. 안드레이는 무엇에 관해 이야기하고 있습니까?
- 마샤가 집에 가고 싶지 않은 이유는 무엇입니까?
- 이리나, 마샤, 올가는 무엇에 관해 이야기하고 있습니까?
- 나따샤는 무엇을 꿈꾸고 있습니까? 나따샤의 행동은 어떠합니까?
- 이리나는 약혼자의 죽음을 어떻게 받아들입니까? 이리나는 무엇을 할 예정입니까?
- 마샤는 미래에 관하여 무슨 이야기를 합니까?
- 이 희곡의 마지막 대사는 무엇입니까?
- 4막에서 어떤 일이 있었는지 서술해 봅시다.

작품에 관한 질문

- 이 희곡에서 어떤 구절이 반복되고 있습니까? 어떻게 이해하였습니까?
- 희곡에서 긍정적이거나 부정적인 인물이 있습니까? 누구입니까?
- 세 자매의 운명에 대해 어떻게 생각하십니까?
- 가장 마음에 드는 등장인물은 누구입니까?
- 이 희곡에서 드러나는 마샤와 베르쉬닌 간의 애정 관계에 대하여 우리는 안타깝게 생각합니다. 그러나 다르게 보이는 나따샤와 쁘로또뽀뿌프의 불륜 관계도 있습니다. 이 두 관계에 어떤 차이가 있다고 생각합니까?
- 이 희곡에서 작가가 드러내고자 하는 문제는 무엇입니까?
- 세 자매는 모스끄바에 갈 수 있을까요? 모스끄바는 그들에게 어떤 의미입니까?
- 체홉의 «세 자매» 원작을 모두 읽었습니다. 교사가 제시하는 주제 중 하나를 골라 작문을 해 봅시다.

КОММЕНТАРИИ К ТЕКСТУ

주석

1. *Земская управа* — местное самоуправление в провинции. 주(州)의 지방자치회

2. *Именины.* — До революции (1917 г.) в России отмечали не день рождения, а именины — день христианского святого, в честь которого человек получил своё имя. 1917년 혁명 전까지 러시아에서는 생일이 아닌 명명일을 축하하였는데, 명명일은 성자의 날이자 그 이름을 받은 사람의 축일이기도 하다.

3. *Сегодня тепло, можно окна держать настежь.* — Так тепло, что можно полностью открыть окна (настежь). 창문을 활짝 열어 놓을 수 있을 정도로 따뜻하다.

4. *Берёзы ещё не распускались.* — Очень тёплый майский день, но листьев на берёзах ещё нет. 매우 따뜻한 5월의 어느 날이지만 아직 자작나무에는 잎이 없다.

5. *В эту пору в Москве уже всё в цвету.* — В это время в Москве появляются листья на деревьях и распускаются первые цветы. 이 시기에 모스크바에는 나뭇잎이 움트고 첫 꽃이 핀다.

6. *Всё залито солнцем.* — Много весеннего солнечного света. 봄 햇살이 가득하다.

7. *Чёрта с два!* (ругательство) — Ничего не получится. (악담) 어림도 없다.

8. *Из меня выходят каждый день по каплям и силы и молодость.* — Ольга говорит о том что она стареет. 올가는 자신이 늙어가고 있다고 말한다.

9. *Продать дом, покончить всё здесь и в Москву...* — Сейчас в этой ситуации мы говорим, «закончить». 이런 상황에서 지금은 «закончить» 동사를 사용한다.

10. *Только вот остановка за бедной Машей.* — Маша замужем; она не может просто собраться и уехать в Москву, так как зависит от своего мужа, от его воли. 마샤는 결혼을 했고 남편의 뜻에 따라야 하므로 쉽게 모스끄

바로 떠나지 못한다.

11. *Всё устроится.* — Всё будет хорошо, всё наладится. 모든 일이 잘될 것이고, 더 나아질 것이다.

12. *К нему не идёт.* — Сейчас в такой ситуации мы говорим «ему не идёт». 이런 상황에서 지금은 «ему не идёт»이라고 한다.

13. *Всё хорошо, всё от бога.* — Всё, что есть в жизни, — это судьба, нельзя жаловаться. 인생의 모든 것은 운명이므로 불평해서는 안 된다.

14. *Вздор* — неправда. 거짓

15. *Батарейный командир* — воинское звание. 군사계급으로 '포대장'을 의미한다.

16. *Славный малый* (разг.) — хороший человек. 좋은 사람

17. *Ничего себе* — здесь: вполне. (이 텍스트에서) 완전히

18. *Полоумная* — ненормальная, сумасшедшая. 비정상인, 미친

19. *Говорит одни высокопарные вещи.* — Речь жены Вершинина чрезмерно торжественная, слишком украшенная, пафосная. 베르쉰 중령의 부인의 말이 지나치게 장엄하고, 너무 화려하고 요란하다.

20. *Насолить мужу* — сделать мужу что-нибудь плохое. 남편에게 해를 가하다

21. *Работать в поте лица* (фразеологизм) — много, усердно работать. (관용구) 열심히 일하다

22. *Чуть свет* — на рассвете, очень рано. 새벽에, 매우 이른 시간에

23. *Бьёт на улице камни* — работает каменщиком. 석공으로 일하다

24. *Тоска по труде.* — Сейчас правильно говорить «по труду». 현재 옳은 표현은 «по труду»이다.

25. *С благоговением* — с восторгом. 환희에 찬

26. *Надвигается на всех нас громада.* — Чехов говорит о предчув-

ствии революции в России. 체홉은 러시아 혁명을 예감하고 있다.

27. *Вы не в счёт* — вы исключение. 당신은 예외이다.

28. *Кондрашка* (разг.) — удар, инсульт. 뇌졸중

29. *Не ударил пальцем о палец* (фразеологизм) — ничего не сделал. (관용구) 아무것도 하지 않다.

30. *Бог его знает...* — Я не знаю. 나는 모른다.

31. *С торжественной физиономией* (насмешка) — с торжественным лицом. 진지한 얼굴로

32. *У лукоморья дуб зелёный, златая цепь на дубе том...* — Цитата из поэмы А. С. Пушкина «Руслан и Людмила». 뿌쉬낀의 작품 «루슬란과 류드밀라»의 인용구

33. *В мерлехлюндии* (авторское слово) — в меланхолии. 울적하다.

34. *Потяни меня за палец* (авторский фразеологизм) — ужас, никуда не годится. (작가 관용구) 공포, 쓸데없는 것

35. *Он ахнуть не успел, как на него медведь насел.* — Неточная цитата из басни И. А. Крылова, но в данном случае совершенно неуместная. Так говорят, когда случается неприятность. Солёный часто говорит какие-то фразы, которые непонятны окружающим персонажам. 끄르일로프 우화에 나오는 문구의 잘못된 인용으로 이 상황에 적합하지 않다. 보통 달갑지 않은 일이 일어났을 때 쓰인다. 솔료느이는 종종 주변 인물들이 이해할 수 없는 표현을 쓴다.

36. *Батюшка* (устар.) — ласковое обращение к мужчине. (옛말) 남자를 부르는 상냥한 표현

37. *Голубчик Иван Романыч* — дружеское обращение. 친근한 호칭

38. *Денщик* — солдат, слуга у офицера. 병사, 장교의 하인

39. *Батарея* — военный отряд. 포대

40. *Земляк* — родился в том же городе, где родились сёстры. 세 자매가 태어난 도시에서 태어난 사람

41. *Хаживал* — ходил. 걸어다니다

42. *Красные казармы* — один из служебных корпусов Екатерининского дворца в Москве, построенный в 1776 г. 모스끄바 예까쩨리나 궁전의 행정관리 건물의 하나로 1776년에 지어졌다.

43. *Матушка* (устар.) — мама. (옛말) 엄마

44. *Царство ей небесное.* — «Царство ей (ему) небесное». Так говорят об умерших людях. 고인의 명복을 비는 표현

45. *Погребена* — похоронена. 묻히다

46. *Теперешняя жизнь* — сегодняшняя жизнь.

47. *Цып, цып, цып...* — Обычно так говорят, когда хотят кормить цыплят. Солёный таким образом хочет снизить пафосное высказывание Тузенбаха, иронизирует над ним и даже немного издевается. 보통 병아리에게 모이를 줄 때 내는 소리이다. 솔료느이는 이런 식으로 뚜젠바흐의 수준 높은 발언을 폄하하고 싶어하고 그에 대해 비아냥거리거나 조롱한다.

48. *Барона кашей не корми, а только дай ему пофилософствовать.* — Кого кашей (хлебом) не корми, а только дай + инфинитив — это фразеологизм. Это значит, что человек очень любит это делать. Здесь: барон очень любит философствовать. (관용구) 사람이 무엇을 하는 것을 매우 좋아한다는 말로, 여기서는 남작이 사색을 즐긴다는 뜻이다.

49. *Здешняя* — местная. 이 지역의

50. *Выходит за Протопопова* — выходит замуж за Протопопова. 쁘로또뽀뽀프와 결혼하다.

51. *Сестрицы* (ласково) — сёстры. (다정한 표현) 자매

52. *Вещь* — здесь: хорошая вещь. (이 텍스트에서) 좋은 물건

53. *Мастер на все руки* (фразеологизм) — синонимы: умелец, золотые руки. (관용구) 유의어로 умелец, золотые руки가 있으며 손재주가 좋은 사람을 뜻한다.

54. *Немножко не в себе* — здесь: не очень хорошо себя чувствую. 컨디션이 좋지 않다.

55. *До четырёх часов читал, потом лёг, но ничего не вышло.* — Ничего не вышло = ничего не получилось. Андрей не смог заснуть. 아무것도 안되었다. 안드레이는 잠을 이룰 수 없었다.

56. *Отец... угнетал нас воспитанием.* — Отец очень строго воспитывал нас. 아버지는 우리를 엄하게 키우셨다.

57. *...знает ещё по-итальянски.* — Сейчас мы так не говорим. По современным правилам должно быть «знает ещё итальянский» или «говорит/понимает/читает ещё по-итальянски». 지금은 사용하지 않는 표현이다. 현대어로는 «знает ещё итальянский» 혹은 «говорит/понимает/читает ещё по-итальянски»이다.

58. *Но чего это стоило!* — здесь: мы потратили на это много сил. 여기에서는 '많은 공을 들이다'는 의미이다.

59. *В этом городе знать три языка ненужная роскошь.* — Это очень известная фраза из пьесы «Три сестры». Как вы её понимаете? «세 자매»에서 매우 유명한 구절입니다. 여러분은 이 문장을 어떻게 이해하십니까?

60. *Вот те на!* (разг.) — выражение удивления. (옛말) 놀람의 표현

61. *Вам не победить окружающей вас тёмной массы.* — Вам не победить безграмотность. 당신은 문맹을 이길 수 없다.

62. *Болтался по квартиркам* — часто переезжал с одной маленькой квартиры на другую, не имел хорошего постоянного жилья. 작은 아파트에서 작은 아파트로 자주 이사했다.(부정적 의미)

63. *Если бы одна жизнь была, как говорится, начерно, другая — начисто!* — Начерно: это вариант, который можно исправить. Начисто: это окончательный вариант. Начерно : 수정 가능한 안, Начисто : 최종본

64. *Надворный советник* — гражданский чин VII класса (всего классов было 14) в царской России, соответствовавший военному чину подполковника. 제정러시아의 문관계급(군부대의 중령에 해당함).

65. *Feci, quod potui, faciant meliora potentes* (лат.) — Я сделал, что мог, кто может, пусть сделает лучше. (라틴어) 내가 할 수 있는 일은 다 했으니, 누군가 할 수 있다면 더 잘하게 하라.

66. *Когда-нибудь прочтёте от скуки.* — Прочтёте, когда будет скучно. 심심할 때 읽으세요.

67. *Сообразно* — соответственно. 각각

68. *Mens sana in corpore sano* (лат.). — Здоровый дух в здоровом теле. (라틴어) 건강한 신체에 건강한 정신

69. *Не пойду я.* — Изменён порядок слов. Разговорная (менее категоричная) форма. 어순 변화, 구어체

70. *Эва!* (прост., устар.) — Междометие, выражающее удивление, несогласие, возражение и т. п. (옛말) 놀람, 거절, 반대를 표현하는 감탄사

71. *Матушка* (дружеское) — возможное обращение к женщине. (친근한 표현) 여성에 대한 호칭

72. *Чёрт подери* — ругательство. 욕설

73. *Дуся моя* — ласковое обращение к женщине. 여성에 대한 상냥한 호칭

74. *Довольно, Василий Васильич. Будет!* — Достаточно, хватит. 충분하다

75. *Не в духе* — в плохом настроении. 기분이 좋지 않다.

76. *Бретёр* — дуэлянт, скандалист. 결투자, 말썽꾼

77. *Кажется, причёсана ничего себе* — Кажется, хорошо причёсана. 머

리가 잘 손질된 것 같다.

78. *Полно, у нас все свои.* — Довольно, у нас в гостях не чужие люди. По́лно (устар.) — хватит, ладно, перестань. 괜찮다, 손님 중에 남은 없다. По́лно — (옛말) 충분하다, 알겠다, 그만해라

79. *Пора тебе уж выходить.* — Пора тебе уже выходить замуж. 시집갈 때가 되었다.

80. *Женишок* (ласково или иронически) — жених. (상냥하거나 비꼬는 표현) 신랑감

81. *Эх-ма, жизнь малиновая, где наша не пропадала!* — «Эх-ма» — просторечное выражение, «жизнь малиновая» — диалектный фразеологизм, «где наша не пропадала» — фразеологизм, так говорят при каком-то риске, выражая оптимистичный взгляд на будущее. «Жизнь малиновая» — синоним фразеологизма «Не жизнь, а малина!». По верному замечанию В. М. Мокиенко (Образы русской речи. СПб., 1999), очень интересно противопоставление калины и малины в русском фольклоре. Вспомним известную народную песню «Калинка-малинка». Калина, красивая, но горькая ягода, — символ несчастливой женской замужней доли, что отражается во многих песнях, а малина — сладкая ягода — символизирует счастливую, благополучную жизнь. Для Маши, имеющей «калиновую» жизнь с нелюбимым мужем, «малиновая» жизнь — заветная мечта, тоска по лучшей доле. Кроме того, «малиновая» жизнь — это и воля, и свобода, и огромное пространство без конца (без рамок и запретов), а для всех трёх сестёр и жизнь в Москве. Поэтому в целом фраза Маши «Эх-ма, жизнь малиновая, где наша не пропадала!» означает, что она, встретив Вершинина, собирается

рискнуть и получить хоть маленький кусочек этой самой сладкой счастливой свободы. «Эх-ма»는 구어체적 표현, «жизнь малиновая»는 방언적 관용어구이며, «где наша не пропадала»는 관용어구로 위기 상황에서 미래에 대한 긍정을 표현할 때 이야기한다. «Жизнь малиновая»는 «Не жизнь, а малина!»와 같은 뜻의 관용어구이다. 모끼옌꼬(В. М. Мокиенко)의 지적에 따르면 (Образ русской речи. СРб. 1999) 러시아 구전문학에서 калина(백당나무 열매)와 малина(산딸기)의 대조는 매우 흥미롭게 나타난다. 유명한 러시아 민요 «Кланика-малинка»를 떠올려 볼 수 있다. 백당나무 열매는 아름답지만 쓴 맛이 나는 열매로 많은 작품에서 기혼녀의 불행한 운명에 대한 상징으로 표현되고 있다. 반면 산딸기는 달콤한 열매로 행복하고 평온한 삶을 상징한다. 마샤는 사랑하지 않는 남편과 당백나무 열매와 같은 삶을 살면서 더 나은 운명에 대한 비밀스러운 꿈을 꾸고 있다. 이 밖에 «малиновая» жизнь은 의지, 자유, 그리고 끝이 없는 (경계와 금지된 것이 없는) 공간으로서 세 자매에게는 모스끄바에서의 삶을 의미한다. 그렇기 때문에 «Эх-ма, жизнь малиновая, где наша не пропадала!» 구절은 베르쉬닌을 만나서 위험을 무릅쓰고라도 아주 조금의 달콤하고 행복한 자유를 맛보겠다는 것을 의미한다.

82. *Ты ведёшь себя на три с минусом.* — Кулыгин — школьный учитель, он привык ставить оценки ученикам. Три с минусом — это плохое поведение. 학교 선생님인 꿀르이긴은 학생들에게 점수 매기는 데 익숙하다. 3마이너스는 나쁜 행동이라는 의미이다.

83. *Погодите* — подождите. 잠깐 기다리다.

84. *Капот* (устар.) — накидка. 소매없는 망토

85. *Огня нет ли.* — Наташа пришла посмотреть, не горит ли свеча. 나따샤는 초가 꺼졌는지 보러 왔다.

86. *Гляди да и гляди, чтоб чего не вышло.* — Смотри, чтобы не случилось несчастья. 사고가 나지 않게 살펴라.

87. *Бедняжки* — слово, которое выражает жалость к сёстрам. 자매에 대

한 동정을 나타내는 말

88. *Ряженые* — люди, одетые в маскарадные костюмы, приходили в каждый дом перед Рождеством. Пели, танцевали — за это получали небольшие подарки. 성탄절 전에 가장행렬 옷을 입은 사람들이 집집마다 들러 노래를 부르고 춤을 추고 나서 작은 선물을 받아간다.

89. *Мальчишечка* — слово с уменьшительно-ласкательным суффиксом, образовано от слова «мальчик». мальчик에 지소형 접미사를 붙여 만든 단어이다.

90. *Да ведь это как сёстры.* — Андрей хочет сказать, что решение принимать или не принимать ряженых зависит от сестёр, так как они в доме хозяйки. 안드레이는 동생들이 집주인이기 때문에 가장행렬 패거리를 들일지 말지는 동생들이 결정할 일이라고 이야기하고 싶어 한다.

91. *И они тоже.* — Наташа хочет сказать, что в первую очередь она хозяйка, а потом уж сёстры. 나따샤는 자신이 우선적인 집주인이고 그 다음이 세 자매라고 이야기하고 싶어 한다.

92. *К ужину я велела простокваши.* — К ужину я велела подать простокваши. 나는 저녁으로 요구르트를 준비하도록 지시했다.

93. *Андрюшанчик* — Наташа опять использует уменьшительно-ласкательный суффикс. Она использует ласковые слова, но её поведение противоположно этим словам. 나따샤는 지소형 접미사를 사용하고 있다. 나따샤는 상냥한 표현을 쓰고 있지만 행동은 그렇지 않다.

94. *У нас нет присутствия.* — У нас нерабочий день; не нужно присутствовать на работе в этот день. (Соответственно, день, когда надо быть на работе, называется «присутственный».) 휴일이다. 출근할 필요가 없다. (출근해야 하는 날은 присутственный день이라고 한다.)

95. *Я не пью, трактиров не люблю, но с каким удовольствием я поси-*

дел бы теперь в Москве у Тестова или в Большом Московском... — упоминаются известные трактиры в Москве. 모스끄바의 유명한 술집들이 떠오른다.

96. *Давеча* (устар.) — недавно. (옛말) 얼마 전

97. *Ферапонт говорит «помер», «не упомню»* — это просторечные выражения от «умер» и «не помню». «умер»(죽었다)와 «не помню»(기억나지 않는다)의 구어적 표현

98. *Сказывал* — говорил. 말했다.

99. *Не привёл бог* — не было такой возможности. 그럴 기회가 없었다.

100. *Ступай* — иди. 가세요.

101. *Почему в жизни он хватает так невысоко?* — Почему в жизни он не такой возвышенный, как в мыслях, почему он не живёт в соответствии со своими мыслями. — 왜 실생활에서는 생각만큼 고상하지 않고, 생각과는 다르게 사는가?

102. *Браниться* — ругаться. 싸우다

103. *С предрассудками* — суеверная, верит в приметы. 미신을 믿는, 징조를 믿는

104. *Не по мне* — мне не нравится, не подходит мне. 내 마음에 들지 않다, 나랑 맞지 않다

105. *Проигрались* — проиграли деньги в карты. 카드게임에서 돈을 잃다

106. *Помешанная* — сумасшедшая. 미친

107. *Полжизни за стакан чаю!* — Вершинин перефразирует известное выражение «полцарства за коня» — русский перевод слов Ричарда III из драмы Шекспира: «A horse! A horse! My kingdom for a horse!» 셰익스피어의 희곡 '리처드 3세(King Richard III)' 중 리처드 3세의 대사 «A horse! A horse! My kingdom for a horse!»의 러시아어 번역 «полцарства за коня (말

을 위해서라면 내 왕국의 반이라도 내어주겠다»를 인용

108. *Мало-помалу* — постепенно. 점차

109. *Я кончил там же, где и вы.* — Вершинин окончил то же учебное заведение, что и Тузенбах. 베르쉬닌은 뚜젠바흐와 같은 학교를 졸업하였다

110. *Удел* — судьба. 운명

111. *Трын-трава* — всё равно, всё безразлично. 아무렴 어때. 매한가지이다

112. *Жребий брошен.* — Решение принято. 결정되다

113. *На днях* — недавно. 얼마전

114. *Вечно эти истории...* — В разговорной речи русские часто используют «вечно» в значении «всегда» для усиления эмоциональности, так говорят, когда что-то надоело. 러시아어 구어체에서 싫증난 감정을 과장하기 위하여 «всегда»(항상)의 의미로 «вечно»(영원히)가 빈번하게 사용된다

115. *Экой какой* (устар.) — какой странный. 이상한

116. *Расселись тут с картами.* — Расселись — это грубое выражение. Маша так говорит, потому что она злится из-за ухода Вершинина. 무례한 표현으로, 마샤는 베르쉬닌이 떠나서 화가 나서 말한다.

117. *...Всегда городите чёрт знает что.* — «Городите» — грубое разговорное слово. Синоним «говорите». Маша продолжает злиться и всем грубит. «Городите»는 무례한 구어적 표현이다. «говорите»와 동의어이다. 마샤는 계속 화가 난 채로 모두에게 무례하게 군다.

118. *Je vous prie pardonnez moi, Marie, mais vous avez des manières un peu grossières* (франц.). — Прошу извинить меня, Мари, но у вас несколько грубые манеры. (프랑스어) 미안하지만, 마샤 아가씨, 아가씨는 좀 무례한 표현을 쓰는군요.

119. *Il paraît, que mon Бобик déjà ne dort pas* (франц.). — Кажется, мой Бобик уже не спит. (프랑스어) 우리 보비끄가 벌써 깼나 봐요.

120. *Куда ни шло!* (устар.) — Так и быть, всё равно, не имеет значения. 상관없다, 의미없다

121. *Я странен, не странен кто ж! Не сердись, Алеко...* — «Я странен, не странен кто ж!» — Цитата из комедии А. С. Грибоедова «Горе от ума». Алеко — герой поэмы А. С. Пушкина «Цыганы».
«Я странен, не странен кто ж!»는 그리보예도프 작 «지혜의 슬픔»의 대사 인용. 알례꼬는 뿌쉬낀의 작품 «집시»의 주인공이다.

122. *Баста!* (итал.) — Хватит! (이탈리아어) 충분하다!

123. *Давайте выпьем на «ты».* — Русские часто, чтобы перейти с вежливо-официального «вы» на дружеское «ты», пьют на брудершафт, после чего начинают говорить друг другу «ты». 러시아인들은 «вы»라고 부르는 공식적인 관계에서 «ты»라고 부르는 친구 사이가 되기 위해 잔을 들고 서로 한 팔을 감고 마신 뒤 서로를 «ты»라고 부르기 시작한다

124. *Стало быть* (разг.) — значит. (구어체) 의미하다

125. *Мещанка* — неинтеллигентная, ограниченная. 배우지 못하고, 현명하지 못한

126. *Давеча* — недавно, сегодня. 요즘, 오늘

127. *Насильно мил не будешь.* — Пословица. Если кто-то тебя не любит, ты не можешь заставить полюбить себя. 누군가 나를 사랑하지 않는다고 사랑을 강요할 수 없다는 속담

128. *Вот тебе и раз* — выражение удивления. 놀라움의 표현

129. *Совет только что кончился.* — Совет — собрание учителей в гимназии. Совет는 김나지움 교사 회의이다.

130. *Должно быть* — наверное. 아마도

131. *Бьют в набат* — подают сигнал. 경보를 울린다

132. *Напугались* — испугались. 놀랐다

133. *Олюшка.* — С помощью уменьшительно-ласкательных суффиксов можно сделать много вариантов, например: Олечка, Оленька и так далее. 지소형 어미를 이용하여 이름을 다양하게 바꿀 수 있다. 예) Олечка, Оленька 등

134. *В двенадцатом году.* — В 1812 году началась война между Россией и наполеоновской Францией. 1812년 러시아와 나폴레옹 간의 전쟁이 시작되었다.

135. *Слаба стану, все скажут: пошла!* — скажут «пошла вон!», «уходи!», то есть прогонят. 꺼져, 나가, 쫓아내다.

136. *Как ни в чём не бывало* — как будто ничего не случилось. 아무 일도 일어나지 않은 것처럼

137. *Инфлюэнца* (устар.) — грипп. 감기

138. *Как бы не захватили дети.* — Как бы не заразились дети. 아이들에게 옮을까 봐

139. *Покойно* — спокойно. 고요한, 평온한

140. *Ни к чему она тут.* — Она тут не нужна. 여기에 그녀는 필요없다

141. *Это мне не по силам.* — Это выше моих сил, я не могу этого терпеть. 나의 능력을 넘어서서 견딜 수 없다.

142. *Падать духом* (фразеологизм) — быть в депрессии. (관용구) 우울하다

143. *Пускай* — пусть. 허락하다

144. *Как пускай сидит?* — Переспрос, начинающийся со слова «как», выражает удивление. «как»로 시작하여 되묻는 것은 놀라움을 표현한다.

145. *Уговориться* — договориться. 약속하다

146. *И чтоб завтра же не было здесь этой старой воровки, старой хрычовки... этой ведьмы...* (ругательства). — Наташа оскорбляет няню. Конструкция в разговорном языке, которая начинается со

слов «и чтоб(ы) + глагол в прошедшем времени» имеет значение приказа. (저주) 나따샤는 유모를 모욕하고 있다. 회화에서 «и чтоб(ы) + 동사 과거형»으로 시작하는 구문은 명령을 의미한다.

147. *Не сметь меня раздражать!* — Использование инфинитива вместо формы императива делает высказывание более жестким, имеет форму приказа. 더 단호하게 표현하기 위하여 명령법 대신 동사 원형이 쓰이며 이는 지시의 형태를 갖는다.

148. *Право* (устар.) — на самом деле. 사실

149. *...А тут вдруг взял и напился.* — Глагол «взять» перед основным глаголом означает неожиданность действия. Например: «Мы пришли, а он взял и убежал. Он позвонит, а ты возьми и скажи ему правду». 동사 앞에 «взять» 동사를 덧붙이는 것은 갑작스러운 행동을 의미한다. 예) «Мы пришли, а он взял и убежал. Он позвонит, а ты возьми и скажи ему правду»(우리가 오니까 그 사람이 갑자기 도망쳤어. 그 사람이 전화하면 네가 받아서 사실을 얘기해).

150. *Чёрт бы всех побрал... подрал* — ругательство. 욕설.

151. *Уморил* — убил. 죽였다

152. *Вы бы, доктор, шли спать.* — Конструкция «глагол в прошедшем времени + бы» имеет значение совета, пожелания в мягкой форме. Например: «Ты бы помыл посуду», «Вы бы пошли погуляли». «과거형 동사 + бы» 구문은 청유나 바람의 의미를 갖는다. 예) «Ты бы помыл посуду (설거지 좀 해주면 좋겠다)», «Вы бы пошли погуляли (산책 좀 하세요)»

153. *Назюзюкался* (разг., прост.) — напился (слишком много выпил). (구어체) 술을 과하게 마시다

154. *In vino veritas* (лат.). — Истина в вине. (라틴어) 술 속에 진리가 있다.

155. *Ни на что не похож/е* (устойчивое выражение) — плохо. В дан-

ном случае: одежда Вершинина грязная, он выглядит ужасно. 이 상황에서는 베르쉬닌의 옷이 더럽기 때문에 그의 모습이 최악이라는 의미.

156. *Мамы так мамы.* — Конструкция с частицей «так» часто используется в разговоре. Означает согласие, нежелание возражать. Например: «Он ушёл». — «Ушёл так ушёл. Что же делать!»
소사 «так»가 포함된 구문은 구어체에서 자주 이용된다. 예를 들면 «Он ушёл»(그는 떠났다). — «Ушёл так ушёл. Что же делать!»(떠난 건 떠난 거지. 뭐 어쩌겠어!)

157. *Цел и невредим* (фразеологизм) — не пострадал. 무난히

158. *Философствовать* — зафилософствоваться. Префикс «за» и частица «ся» на конце имеют значение делать что-то долго, увлечься этим занятием и забыть обо всём остальном. Например: «читать — зачитаться», «смотреть — засмотреться», «думать — задуматься». 접미사 «за»와 소사 «ся»는 무엇인가에 오래 푹 빠져서 그 외의 다른 일들을 잊고 몰두하는 것을 의미한다. 예) «читать-зачитаться», «смотреть-засмотреться», «думать-задуматься»

159. *Вы устареете* — состаритесь. 늙다

160. *Чертовски* — очень. 매우

161. *Любви все возрасты покорны, её порывы благотворны...* — Вершинин поёт фразу из оперы «Евгений Онегин». 베르쉬닌은 오페라 «예브게니 오네긴»의 한 구절을 노래한다.

162. *Боле* (устар.) — более. 더

163. *Дразнить гусей* (фразеологизм) — специально раздражать кого-то. (관용어구) 일부러 누군가를 화나게 하다.

164. *Amo, amas, amat, amamus, amatis, amant.* — Маша спрягает латинский глагол «любить». 마샤는 '사랑하다' 동사의 변화를 하고 있다. (라틴어 동사

amare의 인칭 변화형)

165. *И вот не выходит у меня из головы... Сидит гвоздём в голове...* — Так говорят о мысли, которая не даёт покоя. '머리에서 떠나지 않는다. 머릿속에 못처럼 박혀 있다'는 뜻으로 끊임없이 떠오르는 생각을 이렇게 표현한다.

166. *Охота* — хочется. 원하다

167. *На что тебе?* — Зачем тебе? 무슨 상관이야?

168. *Кругом* — везде и всем. 사방에

169. *Omnia mea mecum porto* (лат.). — Всё моё ношу с собой. (라틴어) 나는 내 모든 것을 지니고 있다.

170. *Кто бы ни посватал* (устар.) — Кто бы ни сделал предложение. (옛말) 누가 청혼을 하던

171. *Если бы бог привёл* — выражение желательности, надежды. 소망, 희망의 표현

172. *Гоголевский сумасшедший* — персонаж повести Н.В. Гоголя «Записки сумасшедшего». 고골의 소설 «광인일기»의 등장인물

173. *Пора уже оставить эти глупости и не дуться так, здорово живёшь.* — «Дуться» значит «обижаться». Так, здорово живёшь — без всякой причины. «Дуться»는 «обижаться»(불쾌하게 여기다, 화내다)를 의미한다. Так, здорово живёшь — 아무 이유없이

174. *Объяснимся начистоту* — поговорим, выясним отношения. 이야기 좀 해보자.

175. *Покойно* — спокойно. 편안히

176. *Не испросив у вас позволения* — не попросив у вас разрешения. 당신의 허락을 구하지 않고

177. *Кохане* (польск.) — любимый. (폴란드어) 사랑하는

178. *Тарара... бумбия... сижу на тумбе я...* — Чебутыкин напевает ста-

рую народную песенку. 체부뜨이낀이 전통민요를 부른다.

179. *Modus vivendi* (лат.) — образ жизни; здесь: так принято. 삶의 방식. 여기서는 관례를 의미한다.

180. *Право* (устар.) — в самом деле. (옛말) 사실

181. *Подвода* — транспорт для перевозки вещей. 짐을 실어 나르는 운송수단

182. *Будет вам* — ладно, хватит. 알겠다, 충분하다

183. *Акциз* (устар., разг.) — учреждение по сбору налога. (옛말) 징세기관

184. *Ut consecutivum* (лат.) — синтаксический оборот в латинском языке. (라틴어) 라틴어 문장법

185. *Станислав второй степени.* — Речь идёт о российском ордене Святого Станислава (1831–1917). 성 스따니슬라프 러시아 훈장

186. *«Молитва девы»* — популярная мелодия. Автор композиции — Tekla Bądarzewska-Baranowska (1834–1861), польская пианистка и композитор. 유명한 곡. 작곡가 테클라 바다르체프스카 바라노프스카(Tekla Bądarzewska-Baranowska(1834–1861)는 폴란드의 여류 피아니스트이자 작곡가이다.

187. *Мой здесь?* — Маша имеет в виду своего мужа. Так иногда русские женщины в разговоре с другими людьми называют мужа — «мой». 마샤는 남편을 두고 이야기하고 있다. 종종 러시아 여성들은 다른 사람과의 대화에서 남편을 мой라고 부른다.

188. *В половине первого, в казенной роще, вот в той, что отсюда видать за рекой...* — Видать (просторечное) — видно. Казенная роща — маленький лесок, где могут гулять все, кто хочет (не частная собственность). видать는 보이다. Казенная роща는 원하는 사람 모두 산책할 수 있는 작은 숲(공유지)을 의미한다.

189. *Пиф-паф* — подражание звукам выстрелов. 총성을 흉내내는 소리

190. *Брат* — дружеское обращение. 친근한 호칭

191. *Кряхтеть* — издавать хриплые звуки. 쉰소리를 내다

192. *«Как здоровье?» — «Как масло коровье».* — Детская шутка, иногда так говорят, когда не хотят отвечать на вопрос. Чебутыкин, хотя и говорит, что «одним бароном больше, одним бароном меньше — всё равно», на самом деле сердится на Солёного, который устроил эту дуэль, поэтому так и отвечает. 어린이 말장난으로 질문에 대답하고 싶지 않을 때 이렇게 대답한다. 체부뜨이낀은 «남작이 한 사람 더 있건, 한 사람 덜 있건 아무럼 어때»라고 말하면서도 사실 결투를 신청한 솔료느이에게 화가 나 있어서 이렇게 대답을 한다.

193. *Я позволю себе немного, я только подстрелю его, как вальдшнепа.* — Солёный говорит, что не собирается убивать Тузенбаха, хочет только ранить его, хотя руки у него «пахнут трупом». 솔료느이는 그의 손에서 «시체 냄새가 나지만» 뚜젠바흐를 살해하려는 것이 아니라, 단지 상처만 주고 싶다고 이야기 한다.

194. *...А он, мятежный, ищет бури, как будто в бурях есть покой.* — Неточная цитата из стихотворения М. Ю. Лермонтова «Парус». Солёный не просто цитирует Лермонтова. Он считает, что у него и характер Лермонтова. Ситуация с дуэлью Солёного внешне похожа на обстоятельства дуэли Лермонтова. Только... Лермонтов погиб в результате дуэли, а здесь наоборот: «Лермонтов» — Солёный остался жив. 레르몬또프의 시 «돛»의 잘못된 인용이다. 솔료느이는 레르몬또프의 시를 인용하기만 하는 것이 아니라 자신에게 레르몬또프와 같은 성격이 있다고 생각한다. 솔료느이의 결투 상황이 표면상으로는 레르몬또프의 결투 상황과 유사해 보인다. 단지... 레르몬또프는 결투로 인해 사망하고 이 극에서 솔료느이는 살아 남는다.

195. *Ни с того ни с сего* — неожиданно, без причины. 예상치 못하게, 아무 이유없이

196. *Подвижник* — выдающийся человек, живущий не для себя, а для высокой цели, для блага человечества. 비범한 사람, 자신을 위해서 사는 것이 아니라 숭고한 목적을 가지고 인류의 행복을 위해 사는 사람

197. *Сутяжничество* — склонность затевать судебные процессы по различным поводам. 여러 가지 이유로 소송을 걸기 좋아하는 성향

198. *Искра божия* (божья) — талант. 능력, 재능

199. *Швейцар* — человек, обязанности которого — встречать посетителей у входной двери. 입구에서 방문객을 맞이하는 사람.

200. *Тунеядство* — безделье, ничегонеделание. 무위

201. *Il ne faut pas faire du bruit, la Sophie est dormée déjà. Vous êtes un ours* (искаж. франц.). — Не шумите, Софи уже спит. Вы — медведь. (잘못된 프랑스어) 떠들지 말아요. 소피가 벌써 자고 있잖아요. 이런 곰 같은 사람.

202. *Проходной двор* — двор, через который проходят на другие улицы. 지나서 다른 길로 갈 수 있는 안마당

203. *Уходите с богом.* — В народе так говорят. Например: Иди с богом. Бог с тобой. Помоги тебе бог. 보통 이렇게 이야기한다. 예를 들면 Иди с богом, Бог с тобой, Помоги тебе бог.

204. *Горький народ.* — Анфиса жалеет этих бедных музыкантов. Говорит, что у них тяжёлая жизнь. 안피사는 이 가난한 악사들을 딱하게 여긴다. 악사들이 어려운 삶을 살고 있다고 이야기한다.

205. *Золотая* — ласковое обращение к Ирине. — 이리나를 부르는 애정어린 호칭

206. *Отродясь* — с рождения. Анфиса называет себя грешницей, как

все верующие люди. 태어날 때부터. 안피사는 모든 신자들이 그러하듯 자신을 죄인이라고 부른다.

207. *Цельная* (прост.) — целая. 전체의

208. *Ау!* — Так кричат в лесу, когда потеряли человека. 숲에서 사람을 잃어버렸을 때 외치는 소리

209. *Городской голова* — глава города, мэр. 시장

210. *Не поминайте лихом* (фразеологизм). — Так говорят при расставании. (관용구) 헤어질 때 하는 말

211. *Будет* — хватит. 그만

212. *У лукоморья дуб зелёный...* — Маша опять повторяет известную строчку Пушкина, как автомат, но вдруг задумывается, а что такое лукоморье. Лукоморье (устар.) — морской залив. 마샤는 다시 뿌쉬낀의 유명한 시구절을 기계처럼 반복하다가 갑자기 лукоморье가 무엇인지 생각에 잠긴다. Лукоморье — морской залив (만(灣))

213. *В твою комнату я велю переселить Андрея с его скрипкой — пусть там пилит!* — Так неуважительно Наташа говорит об игре Андрея на скрипке. 나따샤는 안드레이의 연주에 대하여 멸시하듯 이야기한다.

214. *Понасажать* — посадить. 잔뜩 앉다

215. *Разошлась!* — Глагол движения «расходиться — разойтись» в переносном значении используется для обозначения поведения импульсивных, неуравновешенных людей, которые легко могут начать кричать и ругаться. 운동동사 «расходиться — разойтись»의 변화된 의미로, 쉽게 소리치고 욕하는, 충동적이고 불안정한 사람의 행동을 의미할 때 쓰인다.

216. *Тальма* — женская одежда (длинная накидка без рукавов). 여성복(길고 소매가 없는 케이프코트)